老干妈的香辣传奇

中国第一风味美食品牌成长内幕

周锡冰◎著

SPM
南方出版传媒
广东经济出版社
—广州—

图书在版编目（CIP）数据

老干妈的香辣传奇/ 周锡冰著. —广州：广东经济出版社，2016.4

ISBN 978 - 7 - 5454 - 4447 - 6

Ⅰ. ①老… Ⅱ. ①周… Ⅲ. ①陶华碧 - 生平事迹Ⅳ. ①K825.38

中国版本图书馆 CIP 数据核字（2016）第 044381 号

出 版 人：姚丹林
责任编辑：蒋先润
责任技编：许伟斌

出版发行	广东经济出版社（广州市环市东路水荫路 11 号 11 ~ 12 楼）
经销	全国新华书店
印刷	佛山市浩文彩色印刷有限公司（南海狮山科技工业园 A 区兴旺路）
开本	730 毫米 × 1020 毫米 1/16
印张	13.75
字数	204 000 字
版次	2016 年 4 月第 1 版
印次	2016 年 4 月第 1 次
印数	1 ~ 5 000 册
书号	ISBN 978 - 7 - 5454 - 4447 - 6
定价	38.00 元

如发现印装质量问题，影响阅读，请与承印厂联系调换。
发行部地址：广州市环市东路水荫路 11 号 11 楼
电话：（020）38306055 37601950 邮政编码：510075
邮购地址：广州市环市东路水荫路 11 号 11 楼
电话：（020）37601950 营销网址：**http://www.gebook.com**
广东经济出版社新浪官方微博：**http://e.weibo.com/gebook**
广东经济出版社常年法律顾问：何剑桥律师

自序

提及陶华碧这个名字，可能知道的消费者并不多，但是提起“老干妈”辣椒酱，可以称得上家喻户晓。

近20年来，我写过数十个标杆企业案例，但真正能让我感动且崇敬的企业家，老干妈创始人陶华碧就是其中一个。

陶华碧作为中国一个传奇式的人物，传奇不在于她创业有多么艰难和轰轰烈烈，不在于她创建的老干妈是多么大的企业帝国，而在于她用较为原始的管理思想，使遵义一个较为普遍的糍粑辣椒做法，创造了目前年销售额突破40亿元的成绩。

传奇还在于陶华碧做生意的诚信，从经营米豆腐开始到今天，陶华碧只贷过一次款，始终坚持一手交钱、一手交货的现款现货法则；尽管没有上过一天学，只认得陶华碧这三个字，但陶华碧解决了550万农户的农产品销路问题。

传奇还在于陶华碧改变了华人的食辣口味。陶华碧开发的产品，覆盖了全国除台湾省以外的所有省份，远销欧盟、美国、澳大利亚、日本、韩国等30多个国家和地区。娃哈哈贵州分公司一位渠道经理说：“有华人的地方，就有‘老干妈’，它最大的意义是提高了华人对辣椒的接受度和依存度，改变了华人的口味。”

……

可以肯定地说，陶华碧是一个地地道道的“草根”创业者，她不识字、没有任何财务知识、不知现代企业制度管理为何物、说话常常逻辑不清，极少与媒体打交道，即使有媒体前去采访，也只是授权下属进行接待和接受采访。

正是这样一位在风云际会的时代中脱颖而出的企业家，如今崭获不少荣誉，曾先后获贵阳市南明区“巾帼建功标兵”，贵阳市南明区“创卫先进工作者”，贵阳市“巾帼建功标兵”，贵阳市“两个文明”建设服务先进个人，贵州省“三八”红旗手，全国“巾帼建功标兵”，全国杰出创业女性，中国百名优秀企业家，全国“三八”红旗手等荣誉称号。

然而，在荣誉背后她却经历了不为人知的艰难困苦。

公开资料显示，陶华碧原是核工业部206地质队的一名普通家属，随着丈夫进城。由于丈夫不幸病逝，为了生计，陶华碧不得不独自承担养育两个年幼孩子的重任，开始在地质队所在地的龙洞堡街卖凉粉、米豆腐。

尽管生活充满艰辛，但陶华碧乐善好施、为人厚道、待人热情，且凉粉分量足，因此邻近的贵阳红星机床厂技校的许多学生经常来光顾。其中有一个叫欧阳梓刚的学生成天调皮捣蛋、打架斗殴，陶华碧不仅像母亲一般地对欧阳梓刚进行说服教育，还时常关心他的生活。当得知欧阳梓刚家境贫困后，陶华碧又对欧阳梓刚予以资助，打消了欧阳梓刚一度想辍学的念头，并一直助欧阳梓刚完成了学业，还帮助欧阳梓刚改掉了身上许多不良的习气。

如今的欧阳梓刚已是贵州省长顺县政协委员、县私营协会会长、县某茶叶公司的经理。欧阳梓刚因此对陶华碧非常感激，将陶华碧视为自己的母亲，尊称陶华碧为“老干妈”，其后，技校的其他学生也都随之喊起了“老干妈”，就这样，“老干妈”这个称谓不胫而走，连周围的许多群众也亲切地称陶华碧为“老干妈”。

1996年，陶华碧创办了贵阳南明老干妈风味食品有限责任公司，并将产品定名为“老干妈”。在时代的机缘巧合下，经过多年的发展和经营，“老干妈”这个品牌就这样被陶华碧创造了出来。2014年，“老干妈”入选2014年中国最有价值品牌500强榜单，以160.59亿元的品牌价值名列第151位。

可以说，走近老干妈，就是走近一段创业传奇。从街边小摊到销售额突破40亿元的民营企业，从传统“小作坊”到享誉国内外的中国知名品牌，陶华碧的传奇经历和老干妈公司的成功嬗变，演绎出中国民营30多年来发轫、起伏、壮大的成长历程，谱写了一曲民营企业思变图强的传奇神话。

陶华碧之所以能够谱写这个传奇神话，与其自身的经历和经营策略分不开。在本书中，我除了介绍陶华碧的人生经历之外，还浓墨重彩地剖析了她的经营管理策略。

可以肯定地说，陶华碧这些经营策略，并无过多的概念和花样，但都是在实践中总结出来的，当我梳理中外百年企业时发现，陶华碧的做法其实就是难得的百年企业的长赢基因。

本书从多个角度剖析了老干妈的长赢基因，如诚信经营、匠人精神、家文化、顾客至上，做本行、不跨行，以及“不贷款、不融资、不上市”的长远目光等。选择这些基因来分析，是因为中国企业家受到儒学文化的熏陶，家文化会影响很多中国企业家的做人和经商。力求探索家文化在家族企业经营中所发挥的作用，以更好地指导新中国家族企业的经营和发展。

虽然研究家族企业多年，但是家族企业是一门没有终点的研究，我只是在研究中总结了一些心得，由于水平有限，希望读者批评指正。

周锡冰

目 录

CONTENTS

第1章 激荡前行的创业路

在中国，提及老干妈这个品牌，其知名度之高，超出很多消费者的想象，媒体称其为近乎无人不知的品牌。

这样一个金字招牌，却是一个没有上过一天过学，连自己的名字都不会写的、名叫陶华碧的贵州遵义人创造的。这个较为低调的企业家被媒体聚焦，源于二〇一二年，英国人胡润公开了陶华碧三十六亿元的身家，登上『胡润中国富豪榜』的榜单。其后，各种报道如漫天飞雪般涌来。

陶华碧在一九八九年白手起家，到现在成为全国的知名品牌，其创下三年缴税十八亿元，产值六十八亿元的成绩，并且带动八百万农民致富，创造了『有华人的地方就有老干妈』的传奇。二〇一四年十一月，贵州省政府奖励老干妈一辆牌号贵AA8888劳斯莱斯的汽车。

这样的荣耀如同一石激起千层浪，在偏远的贵州，陶华碧究竟做出什么样的业绩让消费者、媒体、政府都刮目相看呢？又是什么样的驱动力促使陶华碧打造老干妈帝国的呢？

一　命运的幸运者和不幸者

20世纪80年代，当改革开放的春雷响遍中华大地时，一个划时代的春天即将来临，对于第一代企业家来说，久旱如甘霖般地吸吮改革开放给予的营养。财经作家吴晓波是这样描述这个时代的：“当这个时代到来的时候，锐不可当。万物肆意生长，尘埃与曙光升腾，江河汇聚成川，无名山丘崛起为峰，天地一时，无比开阔。”

在吴晓波看来，时代给予企业家一个施展自己竞技和才能的舞台，尽管有些企业家因为各种原因被迫离开这个舞台，但是也有些企业家因此而名扬天下。在这批企业家中，低调的、坚持“有多大本事做多少事情”的陶华碧因为丈夫的病逝，不得不肩负养家的重任，可以肯定地说，在20世纪80年代，物资极度稀缺的贵州，一个没有工作的寡妇要养活两个儿子，其艰难是难以想象的。然而，正是丈夫去世这样的灾难降临，被动地开始自己创业人生的陶华碧经过艰苦奋斗，谱写了一个现代版阿信的传奇故事。

在这个故事中，对于陶华碧来说，家庭的变故是极其不幸的，却意外地发挥出自己巨大的经商才能，创造出一个“有华人就有老干妈”的快销品品牌，这样的时代给予陶华碧一个“天高任鸟飞，海阔凭鱼跃”的舞台，从这个角度来说，陶华碧又是幸运的。犹如《双城记》中的那句名言：“这是一个最好的时代，也是一个最坏的时代……”

1. 走出大山

徐徐的春风吹绿了2015年的华夏大地，北国的首都也沉浸在春意盎然的味道当中。这幅瑰丽的画卷，无疑是春天的杰作，如同一个魔术师，拿起阳光的画笔和大地这块画板，蘸着浓浓的春色，一笔一笔点染繁花似锦的人间美景，这样的景致令华夏江山溢彩流韵。

远隔千里之外的贵州老干妈，如同这美丽的春色一般。其销售业绩可谓是芝麻开花——节节高。

1996年7月，老干妈创始人陶华碧向南明区云关村委会借了2间房子，招聘了40名工人，办起了食品加工厂，专门生产麻辣酱，如今销售额突破40亿元。其成功必有我们外界人士无法知晓的秘诀，为揭开其面纱我翻阅各种关于老干妈的媒体报道，梳理了老干妈创始人陶华碧20多年创业之路。

由于不能上学，陶华碧只好从小给家人做饭。在做饭的过程中，陶华碧喜欢用辣椒作为佐料。在遵义，当地人习惯用辣椒来调味，可谓是“四川人不怕辣，湖南人辣不怕，贵州人是怕不辣”。

1967年，20岁的陶华碧遇见了核工业部206地质大队的一名会计，两人相恋后结婚。年轻时的陶华碧，用她自己的话讲也是一朵花，好强又能干；丈夫是个老实人，一生清白，但有才华、人品好。陶华碧结婚后，跟随丈夫走出湄潭县的小山村，先后来到崇江、贵阳。

许多年后的2015年2月，陶华碧做梦也没有想到的是，自己以其经营的老干妈被《商界》杂志以这样一种角色再次进入消费者的视野。

相比仍然工作在一线的另一班员工，她们无疑是幸福的，即便每人都背着一个沉重的大包，手里拎着两个大口袋，回家的喜悦依然挂在脸上。

矮个子女孩说，过了春节，她就18岁了，她想跟着村里的姐妹去广州打工。

广州，于年轻、从未走出大山的她和她们而言，是繁华的大都市，那里纸醉金迷，霓虹闪烁，充满梦想和欲望，也充满着背井离乡的哀愁。遗憾的是，那里的繁华与“村里的姐妹”无关，与她们同样无关。她们的前辈就像一个零件，被焊在流水线上，命运难以改变，她们自己的未来也早被踏成迷茫之路。

她们匆匆走向马路对面，上车，车子开去，只见车站灯箱里挂着一张巨幅广告，青山绿水相间，云雾缭绕，一行大字跃然其上：遵义，一个记得住乡愁的地方！

很多年前，陶华碧与这些女员工一样，带着对未来的美好憧憬离开养育自己的家乡，开启人生的另外一条路。可以说，辣椒让这些与陶华碧本无交集的人聚集在一起，在交集之后，有的工人因为追寻自己的梦想而离开，但辣椒成为她们之间无法抹去的交集。

贵州地处云贵高原，有着“一山有四季、十里不同天”的气候特征，这样的地理环境促使辣椒得到贵州居民的广泛种植和食用，特别是贵州辣椒最著名的产区——遵义，至今依然拥有种植、贸易、加工、销售的完整产业链条。对于陶华碧来说，遵义是她这辈子不可能忘记的地方，因为她就出生在这里。

2. 扎根贵阳

改革开放之前的1978年，烙印在老干妈创始人陶华碧的记忆中，“批斗”一词的频率较高。尽管远在西南的遵义市湄潭县永兴镇，一个出生在普通商人家庭里的陶华碧，同样经历了新中国成立至“文革”期间波及乡镇的种种政治风潮。

这样的政治风潮无疑影响了已经记事的陶华碧。关于1978—2008年的30年间的变化，财经作家吴晓波在《激荡三十年》一书中写道：

尽管任何一段历史都有它不可替代的独特性，可是，1978—2008年的中国，却是最不可能重复的。在一个拥有近13亿人口的大国里，僵化的计划经济体制日渐瓦解了，一群小人物把中国变成了一个巨大的试验场，它在众目睽睽之下，以不可逆转的姿态向商业社会转轨。

在过去的20多年中，世景变迁的幅度之大往往让人恍若隔世。有很多事实在今天看来竟是如此的荒谬和不可思议，在1983年之前，政府明令不允许私人买汽车跑运输，一个今天已经消失的经济犯罪名词——“投机倒把”在当时是一个很严重的罪名。在江浙一带，你如果骑着自行车从这个村到另外一个村，而后座的筐里装了3只以上的鸡鸭，如被发现的话，就算是投机倒把，要被抓去批斗，甚至坐牢。在温州地区，我们还找到了一份这样的材料，一位妇人因为投机倒把而被判处死刑。到20世纪80年代末，买空卖空还是一个恶劣名词，茅盾在小说《子夜》里生动描写过的那些商人给人们留下了太过深刻的印象。到1992年前后，商业银行对私营企业的贷款还规定不得超过5万元，否则就算是“违纪”。

在陶华碧的记忆里，她所见过的“批斗”肯定不是令人愉快的事情，其中有一项就是针对个体经营的“割资本主义尾巴”。这与改革开放后的中国社会热门词汇“致富”“发展”相去甚远。然而，“割资本主义尾巴”无疑影响了陶华碧日后的经商，同时为“不贷款、不融资、不上市，不让别人入股，也不去参股、控股别人”的经营策略打下基础。

二 遭遇人生“拐点”

在中国企业家中有两个女企业家，一个是格力电器董事长董明珠，一个是老干妈创始人陶华碧，她们共同的特点都是丈夫去世后不得不肩挑重担。在公开场合，董明珠坦言：“如果不是这件事，我不会走现在这条路。如果他在，也不会同意我来珠海。”

当然，任何事情都有两面性，正是这种不幸的事情发生，遭遇人生“拐点”的陶华碧不得不面对这种从天而降的灾祸，使得日后在经营老干妈这个企业时，采取稳健的策略，让老干妈成为全球第一的辣椒品牌。

1. “只要肯吃苦，没得办不成的事”

离开大山后，进城的陶华碧不得不面临一个非常棘手的问题——工作。由于陶华碧没有进过一天学校，即使是作为随队家属，陶华碧要想找到一份合适的工作也是相当困难的。

为了补贴家用，陶华碧只好从核工业部206地质大队里找一些临时活做，从挥举“八磅锤”击钎碎石，到挑运泥土“平机场”。

尽管这样的工作很辛苦，但是对于在贵州长大的陶华碧来说，也不算什么。在贵州，由于恶劣的地理环境，当地人要想生存和繁衍下去，吃苦也就成为一个必须的选项。对于创业中的陶华碧来说，吃苦，已经不算是什么难事，因为没有吃不了的苦。陶华碧坦言：“吃苦耐劳累不死人，只要肯吃苦，没得办不成的事。”

在陶华碧看来，正是能吃苦，所以才创造了老干妈的商业传奇。事实证明，在喀斯特地貌的贵州，不仅要勤劳，还要吃苦才能改变穷困的落后面貌。

位于云贵高原的贵州省，用高原上的明珠来描述再恰当不过了。它不仅拥有世界知名的白酒品牌——茅台，还有世界上著名的黄果树瀑布。在这荣誉与梦想的背后，却是众所周知的贫穷。

在这种环境中成长的陶华碧像其他普通人家一样，过着靠工资和临时务工所得与邻居相差无几的日子还是十分幸福的，他们夫妻相濡以沫，多年依旧如此。

2. 在乍暖还寒遭遇黎明前的黑暗

天有不测风云，人有旦夕祸福。1984年对于陶华碧来说，无疑是一个悲伤的年份，陶华碧的丈夫因为患肺气肿住院了。

虽然陶华碧和两个儿子李贵山、李辉悉心守护，但是病情过于严重，最终无济于事。丈夫临终前，告诉陶华碧，两个尚年少的儿子今后只能依靠她这个没有工作的妈妈独自抚养成人了。陶华碧的丈夫说："你要自带饭碗！"

坚强的陶华碧记住了丈夫的托付，在艰难困苦的日子中挺住了。丈夫去世后，单位每月30元的生活补助远不够陶华碧母子三人的日常生活开支。

这样的窘状使得一家的生活重担落在陶华碧的肩上。为了养家糊口，陶华碧开始卖米豆腐（北方叫米粉）。在这段日子中，为了维持生计，陶华碧不得不自己磨米粉浆，每天都干到深夜一两点，第二天一大早还要去早市摆摊。

后来，陶华碧又挑着担子去学校周围卖凉粉。当时，尽管陶华碧的体重只有45公斤，但是瘦弱的她要扛起50多公斤的担子。正是在那时，陶华碧落下肩周炎、关节炎、颈椎病诸多毛病，直至今日，膏药依旧没有间断过。

经过几年的艰苦经营，陶华碧的小摊成为母子三人的生活来源，还在当地响当当，陶华碧的生意越做越好。在这样的情况下，陶华碧不得不扩大规模。1989年，陶华碧开始第一次扩大“经营规模”——从摊到店。

其实，这个店仅仅是陶华碧自己和儿子用捡来的半截砖头和废旧油毛毡、石棉瓦搭起来的一个简易的能够摆下两张小桌的饭店，陶华碧把它起名“实惠餐厅”。为了吸引顾客，陶华碧免费赠送风味豆豉、风味油辣椒、豆腐乳、香辣菜等配餐小菜，“实惠餐厅”的生意因此非常红火。

经过10年的艰辛经营，陶华碧也不再为生活发愁，日子已经有明显改观。1994年，贵州省个体工商户营业收入比上年增加20.6%，在贵州省委、省政府出台的相关文件里，对发展个体经济、私营经济取消了不合理限制，实行“五不限”——不限发展比例，不限发展速度，不限经营方式，不限经营规模，不限经营范围。

从1984年的创业元年到1994年的10年间，有些贵州民营企业早已风生水起——遵义长寿长乐集团宣布捐资1000万元在全国沿红军长征路建50所希望小学，引来惊叹；贵州“神奇”从一个洗脚药水产品开始，掀起了至今令人记忆犹新、席卷全国的销售风暴……

“实惠餐厅”与这些贵州知名的民企相比，压根就不具备可比性。不过，正如巴菲特那句名言：只有当大潮退去的时候，你才知道谁在“裸泳”。

陶华碧经营“实惠餐厅”一直延续到1994年，虽然它没有迎来发展的拐点。但在这期间，陶华碧每月中总有一天的固定日程是，穿着她习惯的布鞋，步行到几公里以外的街道办事处所在地油榨街缴税。多年以后，她说：“我一辈子就是要赚安心的钱，所以从卖米豆腐的时候就开始交税。”

3. “我要不强，我们生活都无来源”

“拼!苦拼!”这就是陶华碧白手起家的创业秘诀。陶华碧正是靠着这股拼命劲儿，完成了自己的“原始积累”。

在媒体报道中，有一个标签时常被媒体提及，那就是老干妈创始人陶华碧的要强。当媒体记者问陶华碧“您很要强”时，陶华碧的回答非常实在，没有官腔和应付：“我（要）不强，我们生活都无来源。女人只要有事业心，哪都能撑下去。更何况现在党政策又好了，只要你不乱，我什么都能做得到。”

作为新中国第一代企业家的老干妈创始人陶华碧，其创业的最大动力源于改善生活，甚至是为了更好地生存下去。在这样的背景下，陶华碧挑了一条最为艰难的路——创业。在创业这条路上，陶华碧通过自己的双手，精心研制辣椒酱，在创业初期凡事都亲力亲为，结果真的赚到了钱，最后的收获远远高于她的预期。当然，正是寻求生存萌生创业想法，让陶华碧的老干妈实业越走越远。

可以说，陶华碧求生存、谋发展的创业之路，不仅让她成为一个成功的企业家，在追求利益的最大化的同时，也为社会创造巨大的商业价值。

事实上，陶华碧的创业之路是异常艰辛的。可能读者没有想到的是，老干妈创始人陶华碧就出生在这样的年代中。尽管处在改革开放中，贵州的经济却缓步向前发展。在这里，我向读者展示一下1978—2012年贵州省历年GDP主要指标，见表1-1。相信读者更能体会陶华碧在这个大时代生活和创业中遇到的艰难和困苦，更别谈一个寡妇还要养大两个孩子了。

当然，正是这样的成长环境，使得陶华碧更能吃苦，可以说，吃苦耐劳的创业特质一直贯穿陶华碧的创业征途中。即使现在老干妈的规模突破40亿元，陶华碧仍旧坚持在厂里睡觉。

陶华碧的吃苦与浙江商人的“两板精神”——“白天当老板，晚上睡地板”高度一致。由于中国改革开放的国家战略激活了民众的创业热情，推动了如潮水般的创业浪潮势如破竹般地向前发展，所以第一批企业家虽

表1-1　1978—2012年贵州省历年GDP主要指标

1978—2012年贵州省历年GDP主要指标（基于现价；GDP/百万元；人均/元；比重、增长率/%）

各年份（人民币）购买力平价基于IMF-WEO（2013年4月16日更新数据）数据推算

年份	GDP总量（百万元）									人均GDP						
	本币	名义增长率(基于本币)	美元	名义增长率(基于美元)	购买力平价	名义增长率(购买力平价)	实际增长率	占全国比重	位次	本币	名义增长率（基于本币）	美元	购买力平价	实际增长率	占全国人均比重	位次
2012	680,220	19.3	107,758	22.1	162,491	19.3	13.6	1.31	26	19,566	19.2	3,100	4,674		51	31
2011	570,184	23.9	88,280	29.9	136,258	17.4	15.0	1.21	26	16,413	25.1	2,541	3,922	16.1	47	31
2010	460,216	17.6	67,984	18.7	116,093	11.8	12.8	1.15	26	13,119	19.6	1,938	3,309	14.7	44	31
2009	391,268	9.9	57,278	11.7	103,865	11.5	11.4	1.15	26	10,971	11.3	1,606	2,912	12.9	43	31
2008	356,156	23.5	51,282	35.2	93,159	17.1	11.3	1.13	26	9,855	25.1	1,419	2,578	12.8	42	31
2007	288,411	23.3	37,929	29.3	79,531	17.9	14.8	1.09	26	7,878	24.9	1,036	2,172	16.4	39	31
2006	233,898	16.6	29,341	19.9	67,468	16.0	12.8	1.08	26	6,305	16.9	791	1,819	13.1	38	31
2005	200,542	19.5	24,481	20.8	58,169	18.0	12.7	1.08	26	5,394	24.9	658	1,565	17.9	38	31
2004	167,780	17.6	20,271	17.6	49,301	12.9	11.4	1.05	27	4,317	16.6	522	1,269	10.4	35	31
2003	142,634	14.7	17,233	14.7	43,663	14.2	10.1	1.05	26	3,701	13.6	447	1,133	9.1	35	31

（续表）

年份	GDP总量（百万元）									人均GDP						
	本币	名义增长率(基于本币)	美元	名义增长率(基于美元)	购买力平价	名义增长率(购买力平价)	实际增长率	占全国比重	位次	本币	名义增长率（基于本币）	美元	购买力平价	实际增长率	占全国人均比重	位次
2002	124,343	9.7	15,023	9.7	38,245	10.8	9.1	1.03	26	3,257	8.6	394	1,002	7.9	35	31
2001	113,327	10.0	13,692	10.1	34,507	10.3	8.8	1.03	26	3,000	8.7	362	913	7.5	35	31
2000	102,992	9.9	12,441	9.9	31,297	10.0	8.4	1.04	27	2,759	8.4	333	838	7.0	35	31
1999	93,750	9.2	11,325	9.2	28,451	12.3	8.8	1.05	27	2,545	7.7	307	772	7.3	36	31
1998	85,839	6.5	10,368	6.7	25,346	8.7	8.5	1.02	27	2,364	5.1	286	698	6.9	35	31
1997	80,579	11.4	9,720	11.8	23,318	11.7	9.0	1.02	26	2,250	9.9	271	651	7.5	35	31
1996	72,318	13.7	8,698	14.2	20,876	8.8	8.9	1.02	25	2,048	12.2	246	591	7.4	35	30
1995	63,621	21.3	7,618	25.2	19,181	8.9	7.5	1.05	25	1,826	19.6	219	551	5.9	36	30
1994	52,446	25.6	6,085	−16.1	17,612	6.3	8.4	1.09	25	1,527	23.7	177	513	6.9	38	30
1993	41,769	22.9	7,249	17.6	16,571	9.1	10.4	1.18	25	1,234	19.3	214	490	8.8	41	30
1992	33,991	14.9	6,164	10.9	15,194	8.7	8.1	1.26	25	1,034	15.4	188	462	8.6	45	30
1991	29,590	13.7	5,559	2.2	13,979	10.2	9.2	1.36	25	896	10.6	168	423	6.2	47	30

（续表）

年份	GDP总量（百万元）									人均GDP						
	本币	名义增长率(基于本币)	美元	名义增长率(基于美元)	购买力平价	名义增长率(购买力平价)	实际增长率	占全国比重	位次	本币	名义增长率（基于本币）	美元	购买力平价	实际增长率	占全国人均比重	位次
1990	26,014	10.3	5,439	−13.2	12,685	8.3	4.3	1.39	25	810	8.0	169	395	2.1	49	30
1989	23,584	11.4	6,264	10.1	11,715	6.5	4.5	1.39	24	750	9.8	199	373	3.1	49	30
1988	21,179	28.0	5,690	28.0	11,000	18.1	8.6	1.41	24	683	25.1	183	355	6.2	50	30
1987	16,550	18.6	4,446	10.0	9,314	16.0	10.8	1.37	24	546	16.9	147	307	9.3	49	29
1986	13,957	12.6	4,042	−4.2	8,027	9.9	5.6	1.36	25	467	11.2	135	269	4.3	48	29
1985	12,392	14.5	4,220	−9.3	7,304	7.0	7.9	1.37	24	420	13.2	143	248	6.7	49	29
1984	10,827	23.9	4,653	5.2	6,826	22.5	19.8	1.50	24	371	22.8	159	234	18.6	53	29
1983	8,738	10.1	4,423	5.4	5,572	13.3	12.6	1.47	25	302	8.6	153	193	11.2	52	29
1982	7,939	16.9	4,195	5.4	4,919	24.4	15.8	1.49	24	278	14.9	147	172	13.8	53	29
1981	6,789	12.7	3,982	−1.0	3,954	20.5	6.5	1.39	25	242	10.5	142	141	4.7	49	29
1980	6,026	9.0	4,023	13.2	3,283		4.4	1.33	25	219	7.4	146	119	2.7	47	29
1979	5,528	18.6	3,555	28.4			11.0	1.36	25	204	16.6	131		23.7	49	29
1978	4,662		2,768				23.7	1.28	25	175		104		21.4	46	29

然很辛苦，却能克服困难。

当创业的星星之火被点燃之后，涌起的第一次大规模下海经商热潮席卷中国大地，当年10亿人口9亿商的全民创业时代的来临，使中国成为创业活动十分活跃的国家。硬币的另一面是，促使全民创业的热情动力居然是为了更好地生存和生活。如今很多企业家在各种场合下鼓吹实现各种梦想和未卜先知的企业家精神，其实掩盖了当年为了改变生活的初衷。

这样的观点得到新希望创始人刘永好的证实。在20岁之前，刘永好没有穿过一双像样的鞋，也没有穿过一件新衣服，当年创业就是为了吃红烧肉。

不管是陶华碧，还是刘永好，当初创业的初衷都是为了更好地改善生活，正是基于这样的想法，他们的人生发生了改变。可以说，陶华碧和刘永好不过是中国创业者敢于承认这个观点的企业家，在偌大的中国，成千上万的企业家为了改变生活因此谱写了民营企业崛起的咏叹调。

三　不怕吃苦，就怕被人瞧不起

对于任何一个创业者来说，都会遭遇困难和挫折，为了生存而创业的陶华碧同样如此。

可能读者好奇的是，在刚开始创业很艰难时，陶华碧遇到的最大困难是什么？在举目无亲的异地他乡，有没有支撑不下去的时候？

对此，陶华碧的回答非常肯定，从未想过放弃，理由很简单，也很朴实——害怕别人笑话。陶华碧是这样说的："我没有想过放弃，因为你既然要去做一件事，这个想法就必须实现。要是放弃了，人家会指着你的肋巴骨，'陶春梅，你吃不上饭啰'，叫人家笑话，你才活不下去。我有这个坚强的力量，就是我不睡觉，我都要把它做下去，我要做好，财旺、火旺、人旺，我就要把它做得红红火火的。一旦放弃了再去做，绝不会成功。"

1. "输了人家还要来笑话你"

"输了人家还要来笑话你"，正是这样朴实的理由支撑着陶华碧的创业，使得陶华碧不畏艰难地向前。试想一下，作为一个男性创业者在创业过程中都较为艰难，即使今天被聚光灯包围的马云也屡战屡败，何况作为寡妇的陶华碧，其艰难的程度可想而知。

公开的资料显示，在丈夫去世后，没有收入的陶华碧不得不担负起家庭的重任。为了维持必要的生计，陶华碧开始晚上做米豆腐（贵阳最常见的一种廉价凉粉），白天用背篼背到龙洞堡的几所学校里卖。

由于交通不便，当时做米豆腐的原材料最近也要到5公里以外的油榨街才能买到。每次需要采购原材料时，陶华碧就背着背篼，赶最早的一班车到油榨街去买。由于那时车少人多，背篼又占地方，驾驶员经常不让陶华碧上车，陶华碧大多数时候只好步行到油榨街，买完材料后，再背着七八十斤重的东西步行回龙洞堡。由于常年接触做米豆腐的原料——石灰，到现在，陶华碧的双手一到春天依然还会脱皮。

尽管如此，艰难的生活如大山一样压着，但是陶华碧并未因此放弃，而是为了吃上饭，不让人笑话而努力着。用陶华碧的话来说就是："成功的企业就不要去失败，要好生生去做，要做就把它做大，做成精钢、好钢，我就要成功。别人眼里可能认为'你孤儿寡母，能做什么'，但是我就要拼下去。否则，你吃不上饭，人家笑话你。"

客观地讲，绝大部分人创业都是为了改善自己的生活条件，为了过上更好的生活，开始重新谋划人生。20世纪90年代，下海是当时的一个时髦词。或许家境的不同，导致的结果也不一样。别人下海是为了更好地提升生活的品质，而陶华碧的创业，包括支撑其创业的动力还是为了更好地维持家庭的开销和必须的生计。

在这样的境遇中，陶华碧遭遇一次次的困难和挫折，但都咬牙坚持。正如陶华碧所言："人都有碰到困难的时候，你一定要努力。别人能拼下去，难道你就拼不下去吗？今天就是面对一个土匪，我都要跟你拼下去；你把我杀下去，我就要把你杀下去。要拼就会赢，不拼就会输。但是我不能输，输了人家还要来笑话你，我不偷不抢，好生生把我的企业做好。"

2. 不怕吃苦，但受不了被人瞧不起

老干妈公司之所以能够取得今天的业绩，与陶华碧自身的性格是分不开的。在整个创业过程中，陶华碧倒是不怕吃苦，但是受不了被人瞧不起，一路下来，冷暖只有陶华碧自知。

在创业初期，陶华碧背着上百斤重的米豆腐，每次搭乘公交车时都被售票员撵。事隔多年，陶华碧回忆说："售票员态度非常恶劣，几下就给

你推下去。当时1毛5分的车票，我给3毛钱，她还不让我坐。我说不行也得行，今天非要坐。天天吵架。”

事实上，吃苦只是创业的一部分，在创业过程中，还会遭遇其他困难。在第一代企业家身上，这样的问题会更多一些。陶华碧在经营“实惠餐厅”时，由于要烧煤炉，环保人员、城管、工商干部，包括楼上的退休老头，三天两头来找麻烦，吃拿卡要，还要罚款。当陶华碧被逼得走投无路时，竟然拿起炒瓢跟他们干上一架，陶华碧坦言：“你要钱可以，但是要正当，你可以跟我讲道理，我们孤儿寡母挣点钱多难。好多人害怕就挨罚，我不行，我不是随便可以欺负的，我不怕你。你礼拜天来店里，又没穿制服，又没有带证，你是不是来要吃的？我就要打你，打的不得了。”

陶华碧的做法并非特例，在北京，新东方创始人俞敏洪曾经拿命换来新东方。俞敏洪公开说，自己最喜欢电线杆了。当年新东方刚创建时，为了有效地宣传，俞敏洪时常到北京中关村附近的电线杆上张贴招生广告。由于影响市容，居委会大妈不得不一张张地抠掉。当俞敏洪发现在电线杆上贴广告的做法欠妥后，就主动抠掉自己张贴的全部广告。俞敏洪的做法不仅得到了北京中关村附近居委会大妈的认同，她们还帮俞敏洪把招生广告贴到专门的广告栏里。

1993年，俞敏洪招收的学生越来越多，这无疑影响了其他英语培训机构的营业收入，这些培训机构的学生开始大幅度减少。每当俞敏洪在广告栏张贴招生广告时，总是有人在其附近等着撕掉新东方的招生广告，有一次甚至用刀将一名员工捅伤，幸好被及时送进了医院。

面临这样的问题，书生气很重的俞敏洪只能去求助警察的帮忙。当时来了六七位警察，俞敏洪也不知道该讲什么，只有一杯接着一杯喝酒，半小时不到，一斤多白酒就喝了进去。结果，俞敏洪被送到了医院，差一点儿就没命了。一位警察在病房里对俞敏洪说：“只要你不做违法的事情，在海淀区，新东方不会有任何问题。”在民警与教育局的协调下，新东方终于在广告栏上有了自己的一块地方，尽管在广告栏最下面、一个不起眼的角落里。

与俞敏洪做法截然相反的是，陶华碧的做法更加有效。陶华碧的理由是："对这些人不能示弱，你弱他第二天还来欺负你，就要跟他打，他们在你小的时候不重视你，大了就重视。你要努力去奋斗，对得起政府，对得起国家，就放心了。生意做不起来，一家人没饭吃，别人瞧不起你；生意好了，又有人眼红挤对你。"

当然，陶华碧敢于这样做，不仅是因为生活所迫，更重要的是，她受不了被人瞧不起。正是这样的性格使然，成就了老干妈今日的辉煌业绩。在这样的环境下，陶华碧说她只能好生生做下去，也练就了陶华碧要强的性格，她有一股劲，做一件事情，就一定要做成功，从不放弃，"我不坚强，就没得饭吃"，陶华碧觉得这样的人生活得才有尊严、才有意义。

3. 没学历，却深谙商业谈判

在老干妈的发展过程中，陶华碧同样遇到其他创业者一样的困难。比如，陶华碧刚刚创建的辣酱加工厂，员工就有40名，规模的扩大无疑需要更多合适的玻璃瓶。

当时找不到合适的装辣椒酱的玻璃瓶，陶华碧不得不去贵阳市第二玻璃厂寻求帮忙。当时的贵阳"二玻"年产1.8万吨，根本不愿意搭理这个要货量少得可怜的小客户，小小的老干妈工厂也不可能需要很多的玻璃瓶，于是拒绝了为陶华碧的作坊定制玻璃瓶的请求。

面对贵阳"二玻"的厂长拒绝，没有文化的陶华碧知道其中的原因，开始了自己首次对阵大客户贵阳市第二玻璃厂的"商业谈判"。

在软磨硬泡了几个小时后，陶华碧的想法竟然得到贵阳市第二玻璃厂厂长的认可，双方达成了如下协议："玻璃厂允许她每次提篮到厂里捡几十个瓶子拎回去用，其余免谈。"虽然没有达成作坊定制玻璃瓶的请求，但是得到这样的结果，陶华碧满意而归。

在谈及合作时，很多学历较高的创业者往往面子情结浓厚，在谈判中通常处于被动的位置。当贵阳市第二玻璃厂厂长拒绝时，陶华碧甚至急了，质问玻璃厂老板："哪个娃儿是一生下来就一大个哦，都是慢慢长大的嘛，今天你要不给我瓶子，我就不走了。”

正是陶华碧的“气宇轩昂”，敢于把做大老干妈的想法说出来，没有多少文化的她才能在商业谈判中满意而归。在这场劣势谈判中，文化与谈判的结果并无直接关联，只不过，陶华碧讲出了一个实实在在的道理。

在中国企业家群体中，老干妈创始人陶华碧算得上是一个异类。我们发现，在中国乃至世界企业圈中，能够独立门户、开疆拓土的一代宗师们，几乎都没有太高的学历背景。因为学历越高，越具有理性精神，在机遇稍纵即逝的商海中，瞻前顾后，举棋不定，缺乏在大风大浪中豪情一搏的创业激情。而那些学历不高者，则顾忌较少，敢想敢为，埋头一冲，或许真的能一跃而出，开创出一片新天地来。没有进过一天学堂的陶华碧正是这个群体中的一员。

第2章 坚守货真价实

在陶华碧的创业路上，并未因为自己不识字中途而废。可以肯定地说，在中国成千上万的创业者中，作为老干妈创始人，陶华碧无疑成为中国创业史上一个史诗般的传奇人物。谱写传奇的陶华碧在创业路上，没有把创业想法仅仅停留在理念与幻想上，而是不折不扣地践行着自己的想法和梦想。

如今的陶华碧，不仅摘取诸多创业的桂冠，还得到了更多的殊荣：全国人大代表；贵州省人大代表；贵阳市政协常委；贵阳市南明区政协副主席；贵阳南明老干妈风味食品有限责任公司董事长；贵阳南明春梅酿造有限公司董事长等职；曾先后获贵阳市南明区『巾帼建功标兵』、贵阳市南明区『创卫先进工作者』、贵阳市『巾帼建功标兵』、贵阳市『两个文明』建设服务先进个人、贵州省『三八』红旗手、全国『巾帼建功标兵』、全国杰出创业女性、中国百名优秀企业家、全国『三八』红旗手等荣誉称号。

这一串串闪光的称号和荣誉，陶华碧到底是如何做到的，又是怎么把老干妈做成行业标准的呢？陶华碧给出的答案是货真价实。

一　苛刻的原材料把控

在中国企业界，老干妈的做法相当另类——不打广告，坚持现款现货。被媒体称为近乎神一样的存在和发展。老干妈获得媒体如此好评，与陶华碧坚守货真价实、品味虽贵必不敢减物力，苛刻的原材料把控，以及产品为王的理念是息息相关的。

老干妈的产品也就十几种品类，但每一个品类可以说都是陶华碧亲力亲为的心血。陶华碧是这样介绍的："我的辣椒调料都是100%的真料，每一个辣椒，每一块牛肉都是指定供货商提供的，绝对没有一丝杂质。"

在陶华碧看来，自己从不偷工减料，以次充好，用料、配料、工艺很讲究，总之，在整个流程中，对原材料的把控达到难以置信的苛刻程度。因此，保持了产品风味而虏获顾客的舌尖。

1．"品味虽贵必不敢减物力"

在中国企业界，陶华碧和董明珠虽然经营的企业不一样，一个是辣椒酱，一个是空调，却有一个共同点——匠人精神。董明珠把"工业精神"作为格力电器的发展信条。正是董明珠这样的决策，才有了今天格力电器销售额达1400亿元的规模。难能可贵的是，在浮躁的社会里，董明珠自觉承担了"工业精神"领跑者的责任，不仅是以为社会做贡献为主导性原则，还为格力电器的发展提供了保证。

其实，董明珠的工业精神并非企业界的个案，偏安一隅的贵州老干妈创始人同样坚持质量至上的匠人精神。当老干妈瓶盖出现漏油问题时，陶华碧义无反顾地召回。陶华碧给出的理由很简单："不能因为赚钱，而失去口碑和诚信”。

老干妈创始人陶华碧非常注重质量的控制。1999年，第一瓶老干妈就开始摆在香港特别行政区的超市货柜上，经过15年的海外市场拓展，老干妈凭借“品味虽贵必不敢减物力”的品质保证了海外市场份额，尽管经历不少的风风雨雨，但品质却长盛不衰。

当然，老干妈之所以能够取得如此佳绩，是因为陶华碧始终秉承“质量是企业的生命线、安全是企业的生存线”的经营理念。陶华碧把提高老干妈产品质量、保障食品安全作为重点，先后在贵州省各地建起了多个辣椒出口种植基地，所有出口产品均使用大豆油，其他原材料则对供应商的资质进行严格的审查、备案，对包装材料进行严格的检验。同时，在贵州检验检疫局信息、技术、科研、标准等支持下，老干妈进一步完善欧美发达国家和地区的市场准入备案，包括美国FDA备案、日本厚生省年检和韩国卫生部门产品检测等，用过硬的产品质量和安全，保证了其产品在各个国家进口通关、市场销售等方面的顺畅性和安全性。

经过多年经营和发展，老干妈产品已经出口至50多个国家和地区。可以肯定地说，老干妈之所以能够在中国的食品安全让人谈之色变的背景下，顺利地拓展海外市场，而且出口量还猛增，自然离不开陶华碧对原材料严格的控制。

为了保证原材料的质量，陶华碧在流程管理上的把控上更为严苛。从2002年开始，陶华碧在采购辣椒等原材料的形式方面经历了数次变革——开始主要是由市场自购、价格随行就市，其后是要求农户根据质量标准自发组织种植辣椒，再运货上门、按质定价。之后，老干妈联合贵州当地建立无公害干辣椒基地和绿色产品原材料基地。

在历经数次变革之后，老干妈的辣椒原料质量基本得到了保证。经过两年的原材料调整，截至2004年5月，生产基地供应给老干妈的原材料比例达到了82.3%。由于这些基地建设仅为半紧密型或松散型，这样，市场这只“无形的手”必然时时刺激着农户的机会主义动机——农产品供不应求就会导致市场价格大幅攀升，农户将已签订单的稀缺原料部分或全部投放市场，必然造成企业原料供应不足，进而生产经营也就无从保障。

在这样的背景下，为了保证原材料的质量，陶华碧与这些生产基地建立了牢固的战略联盟，强化与其相同或互补利益的融合，将利益一体、互惠互助的合作关系捆绑在一起，减少或者规避农户因为机会主义行为所引发的潜在危机。在必要时，老干妈甚至可以采取收购方式取得经营权，实施规模化经营，有效地保障了原材料供应的品质与数量。

2. “炮制虽繁必不敢省人工”

老干妈作为一家传统的食品企业，要想基业长青和永续经营，并成为一个知名的百年品牌，首要的任务就是产品的质量问题和加工工艺问题。

提及加工工艺，让我们想到了同仁堂的“炮制虽繁必不敢省人工，品味虽贵必不敢减物力”制药理念。在中药行里，手工操作的前处理环节行话叫作“炮制”，主要包括对中药材的修拣、清洁、烘干、蒸炒炙煅等工艺。而这，恰恰是中医药制作工艺的关键所在。

正是对原材料加工的严苛把控，同仁堂才能生存和发展到今天。小米创始人雷军高度评价说：“同仁堂已经有340年历史，历经朝代的变革、无数的冲击能活下来，跟它的古训是密不可分的，就是‘炮制虽繁必不敢省人工，品味虽贵必不敢减物力’，我简单理解这句话就是真材实料，再往下更简单说就是诚信。当然小米现在面临各种质疑和批评比较多，但是我坚持一条就是真材实料，而且我在公司大会上强调，如果小米将来要成功，最最重要的一条就是永远坚持真材实料。”

在辣椒酱行业，尽管陶华碧远离同仁堂，但是和雷军一样坚持真实材料的经营理念。为了让辣椒酱口感更好，陶华碧经常亲自上阵，事必躬亲地做示范。陶华碧在接受媒体采访时这样说过：“就这么干，什么事情都亲力亲为。”当时的生产都是手工操作，其中捣麻椒、切辣椒时溅起的飞沫把眼睛辣得不停地流泪，工人们都不愿干这活。陶华碧就亲自动手，她一手挥着一把菜刀，嘴里还不停地说：“我把辣椒当成苹果切，就一点也不辣眼睛了。”员工听了，都笑了起来，纷纷拿起了菜刀……

在创业的初期，作为创始人的陶华碧身先士卒，带领员工们拼命地干，结果累得患了肩周炎，十个手指的指甲因搅拌麻辣酱全部钙化了。尽管如此，陶华碧依然重视传统工业的加工，即使是在2015年，生产线仍坚持采用“手工灌瓶”的工序，同时老干妈采用两班倒的计件工资制度，员工每人每天可装约4000瓶，每月可拿到2000多元工资。

老干妈辣椒酱的畅销，源于陶华碧对产品极致的加工工艺，尽管这一工艺来自异地乡间，但她注重大众口味的普适性，在用料、配料、工艺拿捏上都十分考究，这就是老干妈辣椒酱能够做强做大的核心优势。

当然，正是这考究的工艺——“浓香、微辣、适口咸”，赢得了消费者的认可，成为中国人最喜欢的民间本味，也成为消费者追捧的快销品。这些正是老干妈能够漂洋过海，北美、欧洲、东南亚、日本、韩国……随处可见的一个关键所在。

不可否认的是，陶华碧能够坚守传统的加工工艺，与贵州当地的尊重匠人文化有关。在贵州，人们修建新房屋时，一定会隆重祭祀祖师鲁班，如在春节后，开张营业的铁匠必须祭祀祖师太上老君……加上贵州相对落后，匠人的地位相对较高，从而培养了陶华碧的匠人精神。

在创业初期，陶华碧做的辣椒酱都是免费送给食客的，尽管免费赠送，但是从不偷工减料，以次充好，工艺也是精益求精。从最初的风味豆豉辣酱，到现在的数十个品种，每一个品种都凝聚了陶华碧亲力亲为的心血和追求极致的加工工艺。

3. “修合无人见，存心有天知”

在当下浮躁的情绪中，很多企业老板试图降低成本，以提高企业利润，减少企业损失，甚至不惜偷工减料，结果是中国消费者宁愿花更高的价格购买外国产品，让“中国制造”陷入更大的漩涡当中。

在辣椒酱行业，为了避免这样的事件发生，陶华碧拾起了新中国成立前中国商人们的经营办法——“修合无人见，存心有天知”。

2001年，有一家玻璃制品厂给老干妈公司提供了800件（每件32瓶）玻璃瓶。老干妈公司装上辣椒酱刚铺货到经销商处，就有客户反映："有的瓶子封口不严，有往外漏油现象。"

没有不透风的墙，一直盯住老干妈的对手企业，以此为契机攻击老干妈的产品质量问题。作为老干妈最高决策者的陶华碧，第一时间知道此件事情后，非常清楚问题的严重性，于是要求老干妈相关部门迅速查处此事。

部分老干妈的管理人员向陶华碧建议说："可能只是个别瓶子封口不严，把这批货追回重新封口就行了，不然损失就太大了，这可是800件货呀！"

陶华碧当即否定了这部分管理人员的意见，坚决地说："不行！这事关公司的信誉！马上派人到各地追回这批货，全部当众销毁，一瓶也不能漏掉！损失再大，也没有比在市场上失信的损失大！"

在陶华碧的督战下，老干妈召回所有问题产品。虽然这使老干妈公司损失巨大，但却让消费者看到了老干妈信守质量的决心，坏事变成了好事。

老干妈的做法在中国企业界并非个案，一些有远见的企业也用自己的行动来践行"修合无人见，存心有天知"的商业哲学，这样的哲学是支撑中国崛起的重要基石。

改革开放后，由于中国物资匮乏，质量问题往往容易被忽视。20世纪80年代，新中国第一代企业家张瑞敏做出了一件令人想不明白的事——完全可以凑合用的问题冰箱却偏偏要砸掉！

1984年12月，张瑞敏出任海尔的前身青岛电冰箱总厂厂长，制定了海尔第一个发展战略——名牌战略。为了让名牌战略落地，张瑞敏开始着手抓质量管理。

当时的中国，还是一个"物以稀为贵"的年代，像冰箱这样的商品是稀缺的。加上中国冰箱行业起步较晚，厂家生产的产品质量也参差不齐。此刻的海尔，亏损额竟达到147万元，是一半员工想离职、濒临倒闭的工厂。

张瑞敏上任不久之后收到一封消费者的来信，信中说，该消费者要买一台冰箱，结果挑了很多台都有质量问题，最后勉强购买了一台。

1985年，张瑞敏在检查了一遍库房里的400多台冰箱之后，发现竟然有76台冰箱存在不同程度的问题，不合格率达到19%。

面对这样的问题，张瑞敏不得不把职工召集到车间，以商讨如何解决质量问题。对于问题冰箱怎么处理的问题，有的职工认为，既然产品不影响使用，干脆便宜点处理给职工。当时冰箱的价格是每台800元，相当于一个职工两年的收入。

尽管如此，张瑞敏向职工们表示，把问题冰箱全部砸掉，谁生产的谁来砸。张瑞敏领头砸了第一锤。就这样，76台冰箱都被砸成了废铁。“张瑞敏砸冰箱”成为这家日后中国最大的家电公司的一个传奇，在企业史的意义上，表明了出现于商品短缺时期的第一代企业家的自我蜕变正是从质量意识的觉醒开始的。此后的10多年，是海尔高速成长的黄金时期，张瑞敏通过引进欧洲的生产技术及日本的精细化管理模式，迅速实现了产量与质量的双重跃进。1994年，也就是在他创业的第十年，海尔冰箱产销量跃居全国第一。

尽管张瑞敏大锤砸问题冰箱的事发生在1985年，陶华碧坚持召回问题产品在2001年，时间相隔16年，但是其做法都是坚持质量为王的企业战略。今天的老干妈和海尔能够被消费者认可，根源还是产品质量。

为了追求极致的品质，陶华碧做到了“品味虽贵必不敢减物力”的加工工艺，在原材料把控上也做到了苛刻。比如，老干妈所采用的辣椒原料，会选择主产地在遵义的辣椒，因为遵义辣椒质量较好，曾经为出口免检产品。由于陶华碧坚持现款现货：“当地为陶华碧供货的收购大户给说，只有我们欠过她的钱，她从不欠我们。给她的辣椒，谁也不敢大意，只要出一次错，以后再想与她打交道就难了。当地提供给她的辣椒，全部要剪蒂，一个个剪，这样拣剪过的辣椒，再分装，就没有杂质了。”

如今，老干妈与遵义当地联合建立无公害干辣椒基地和绿色产品原材料基地，搭建了一条“企业+基地+农户”的农业产业链，绝大部分原料都来源于老干妈的自产基地。随着老干妈的飞速发展，也带动了一方经济的发展。据老干妈的官网显示，现在老干妈拥有4个生产基地，日产老干妈20多种系列产品达到220万瓶。通过与农户签订“公司+农户”的合作协议，既保证了原料供给稳定，便于掌控品质，形成利益共同体，又提高了农户收入。1997—2006年，老干妈累计在贵州采购干辣椒6万吨、菜油15万吨、黄豆8万吨。按照贵州人均耕地1.1亩的水平，该公司解决了350万农户的农产品销路问题。

二 把品质稳定做到极致

在“互联网+”时代，各个企业都在叫嚣把产品做到极致，然而，真正落到实处的却没有几个。这就是很多企业昙花一现的根源所在。在食品行业，陶华碧不仅坚守这个理念，还把这一理念发挥到了极致。为了践行这一理念，陶华碧依托其强有力的辣椒酱产品，严格原料把控、加工工艺考究，最终为消费者提供了一个极致的用户体验。不仅如此，陶华碧还在产品上做足了硬功夫，为低门槛、易跟随的佐餐酱品类行业设置了一道无法超越的壁垒，把更多的竞争者挡在这门槛之外。

1. 老干妈的爆款产品逻辑

不少消费者坦言，不是他们不爱国货，而是国货不爱他们。在新国货运动中，一些中国品牌凭借较好的质量“光复”了一些市场，但是依旧任重道远。不过，在这一波国货运动中，老干妈辣椒酱不仅保证了品质，还做到了保证客户价值，甚至把品质稳定做到了极致。

在老干妈公司，把品质稳定做到极致成为老干妈的爆款产品逻辑，就是即使自己损失，也要坚持品质。在老干妈的发展中，陶华碧真的就遇到过这些问题，一些合作伙伴和厂家为了私利或某种目的，在给老干妈供货时，使用问题原料。陶华碧发现后，毫不犹豫地停止生产，坚持要合格的原料，这出乎供货商的意料。

有一次，由于老干妈辣椒酱畅销，在急需豆豉原料的情况下，陶华碧让重庆的一家豆豉酿造厂尽快运送10多吨豆豉到贵阳来。由于是“等米下锅”，检验员收货时自然不可能像平时检查得那么仔细。

供货商拉来的豆豉，质量好的豆豉摆放在最外面，里面的豆豉竟然都馊了。为了赶生产进度，这批豆豉经过特殊处理后还是可以用的，只不过口感差一些，但是陶华碧坚持自己承担损失，也不能糊弄消费者。

在原料急需的情况下，陶华碧坚持退货，老干妈公司也因为原料短缺而被迫停产两天，结果损失巨大。

当陶华碧坚持停止生产也要退货的事情传开后，陶华碧为顾客真诚负责的精神感动了消费者，老干妈在市场上的信誉更好了。而重庆的那家豆豉酿造厂却因为连陶华碧都欺骗，顿时成了“千夫所指”的过街老鼠，在同行业的信誉一落千丈。

可以说，正是陶华碧的坚持把品质稳定做到极致作为经营指导思想，才成就了今天的老干妈。中国不少企业在某段时间内、几个区域内把品质搞好不是什么难题，但是都难以长期坚持。

在中国商业史上，被誉为“中国第一商贩”的年广久可算得上是响当当的人物，不仅是安徽“傻子瓜子”的创始人，还曾被邓小平同志三次点名表扬。

究竟是什么原因使得这个名噪一时的傻子瓜子公司悄无声息了呢？这要从傻子瓜子公司自己说起。

据媒体报道，出生于1937年的年广久，十几岁就接过父亲的水果摊，并沿袭了父亲的“傻子”绰号。

20世纪70年代末80年代初，年广久投师学艺开创出独具风味的一嗑三开的“傻子瓜子”而名扬江淮。

1982年，旗开得胜的年广久高调宣布“傻子瓜子”将大幅降价，降价幅度居然达到26%。年广久的这一奇招使得“傻子瓜子”一炮走红。

在销售策略单一的20世纪80年代，年广久再一次掀起了促销风暴。1985年，年广久策划了一个在中国“傻子瓜子”有奖销售活动，顾客只要每购买1公斤“傻子瓜子”，就可以获得奖券一张，凭这张奖券就可以兑现“傻子瓜子”公司的促销奖品。

如今这样的促销手段几乎每个商家都在使用，但是在20世纪80年代初的中国，这样的产品促销方法还不为人知。当“傻子瓜子”有奖销售活动如火如荼地开展后，顾客纷纷购买“傻子瓜子”以获取奖品。

在有奖销售的第一天就售出了13100公斤“傻子瓜子”，最多时竟然一天就销售了225500公斤的“傻子瓜子”。

“傻子瓜子”的热销，无疑刺激了经销商的大批量进货，此刻的年广九再也无法提供充足的货源，于是采用了从其他公司大量购买非经自己制造和检验的熟瓜子，再贴上“傻子瓜子”的商标。让年广九没有预料到的是，外购瓜子很多都是陈货、劣货，甚至是假冒伪劣产品。

很快，很多经销商纷纷要求退货。更为致命的是，政府发布公告，禁止所有工商企业搞有奖销售的促销活动。政府的这一禁令使得“傻子瓜子公司”所售出的奖券无法兑现。

政策的出台，加剧了各地经销商的大批量退货，瓜子自然大量积压，银行要求归还贷款，再加上打了几场官司，“傻子瓜子公司”一下亏损150多万元，信誉也降到了最低点，年广久不得不吞下自己种下的苦果。

可以说，作为新中国第一代企业家，年广九是幸运的，他三次得到了邓小平同志的庇护。

然而，年广九却没有珍惜中央高层的关心，而是采用假冒伪劣产品以次充好，欺骗消费者。年广九得到邓小平同志的“关照”后，如果能够从抓质量、抓管理入手，进一步寻求发展，其前途是光明的，不过没有如果。

与年广九形成鲜明对比的是，老干妈辣椒酱产品销售了30多年，无论消费者在何时够买，在何处购买，老干妈辣椒酱的味道始终如一，这是十分难能可贵的。可以肯定地说，老干妈这种高度稳定的产品品质自然具有一般企业难以企及的竞争力。

正是因为老干妈坚持品质稳定，同时拥有独特而稳定的口味，赢得了餐饮渠道的青睐，因此给予了老干妈强大的支撑。基于老干妈产品的众多菜品在很多餐厅饭店随处可见，很多企业都想推出跟随产品，但餐饮对产品口味的稳定性要求更高，因为更换调味品，常常会造成菜品口味波动，而老干妈产品就不会出现这样的问题。

为此，陕西广播电视台《都市快报》就曾报道过类似的事情。2014年4月14日晚上，申先生宴请朋友去海底捞火锅西关店就餐。在调配蘸料的过程中，申先生就尝出了料台上的老干妈味道有点不太对劲，觉得他们用的该产品不是老干妈生产的。

随后，申先生和朋友询问该店当时值班的夜班经理，经理一再坚持海底捞火锅西关店使用的就是老干妈品牌的豆豉酱，并声称他们的老干妈是袋装的。

申先生听经理说这种调料是袋装的，更加坚信海底捞火锅西关店里的“老干妈”调料不是贵州老干妈生产的产品。申先生之所以这么肯定，是因为他不仅仅是海底捞火锅西关店的食客，还是老干妈陕西省的代理商。申先生说：“我们公司从来没有生产过袋装食品，把别的产品冒充老干妈，对我们品牌是一种伤害。”

随后，陕西广播电视台《都市快报》记者来到了申先生所在的西安昕宇商贸有限公司，见到了他们和老干妈签订品牌的代理协议，证实了他的身份。2014年4月15日，陕西广播电视台《都市快报》记者再次来到申先生就餐的海底捞火锅西关店时，之前料台上老干妈的调料牌已经改成了风味豆豉。

海底捞西关店贾经理解释说：“经过了解之后，我们才知道我们在贴标牌的时候把标牌贴错了让顾客误认了，发现之后我们立即通知技术部门把所有的标签更换了。”

至于老干妈的调料牌张贴了究竟有多长时间，贾经理也不清楚。对于海底捞火锅西关店的这种做法，周律师称：“海底捞工作人员这种说法在法律上是没有依据的，海底捞的行为已经构成了侵权行为。对商标所有权人构成了侵权，商标所有权人可以向当地工商管理部门投诉解决，也可以向当地法院提起诉讼，依法维权。”

这个报道足以说明，老干妈稳定的口感让消费者能够清楚地辨认。当前中国食品安全备受诟病，真正能像老干妈这样，在企业做大做强，赢得市场之后，仍然坚持产品质量始终如一的企业已经寥寥无几。老干妈的成功给中国企业家的启示是，对产品品质的坚守，就是对消费者的尊重。

2. 产品是一切营销的源头

老干妈辣椒酱能够成为行业冠军，凭借的就是极致的产品思维，可以肯定地说，老干妈过硬的产品才是其口碑营销的源头。

在食品行业，产品品质能够坚持数十年如一日不变，几乎很少有企业能够真正地做到。如消费者所期望的那样，老干妈做到了。可以肯定地说，老干妈是其中的一个典型代表。

与老干妈合作多年的上海美宝食品有限公司总经理姜袁芝，可以称得上是最早的一批经销老干妈辣椒酱产品的代理商。在姜袁芝的记忆中，老干妈的风味从来没有丝毫的改变。姜袁芝坦言："老干妈是一家实实在在做产品的企业，不会因为成本、原料等外在因素而改变对于产品品质的专注。"姜袁芝因此认为，老干妈最大的特色就是产品的风味。

在当前浮躁的情绪中，一杯水也想销售出天价的策略是要不得的。只有像老干妈这样，以过硬的产品为基础，营销手段才能创造出传奇。因此，食品企业要真正在产品口味、包装、规格、定价等各要素上下足功夫，打造真正符合消费者需求的产品。因此，作为食品行业，质量不仅关乎消费者的生死，也关乎企业的生死。不信，我们来看看倒在三聚氰胺事件中的三鹿就明白了。

三鹿倒下了，不是因为市场狭小，也不是因为产品定位不明确，这两方面都不是决定三鹿倒下的真正原因，三鹿倒下的真正原因是产品质量出现了严重问题。

其实，早在2007年11月前，三鹿高层领导就已经知道三鹿奶粉含有三聚氰胺，也知道食用含有三聚氰胺的奶粉会导致婴儿患有肾结石。

2007年11月，三鹿接到消费者投诉，称三鹿奶粉存在质量问题。这并未引起三鹿的重视，直到2008年8月三鹿才开始重视三聚氰胺问题。

据“三鹿内部邮件”显示，在2008年8月1日下午6时，三鹿集团股份有限公司取得检测结果，这个结果出乎三鹿高层领导者的意外，那就是在送检的16个婴幼儿奶粉样品中，居然在15个婴幼儿奶粉样品中检出了三聚氰胺的成分，产品的合格率仅为6.25%。

第二天，也就是2008年8月2日下午，三鹿高层领导分别将婴幼儿奶粉中存在三聚氰胺的有关情况向河北省石家庄市政府和新华区政府报告，并开始回收市场上的三鹿婴幼儿奶粉。

在此后五天里，三鹿集团股份有限公司对送达的原料乳200份样品进行了检测，最终确认，三鹿奶粉含有三聚氰胺的最主要途径是人为地向原料乳中掺入。特别是在三鹿集团股份有限公司确认，因食用三鹿集团生产的奶粉导致众多婴儿患有肾结石之后，三鹿集团就开始启动危机公关，企图掩饰食用三鹿奶粉导致婴儿患有肾结石的事实真相。

于是，危机公关开始了。北京涛澜通略国际广告有限公司在2008年8月11日向三鹿集团提出公关解决方案建议——“安抚消费者，1～2年内不让他开口；与百度签订300万元广告投放协议以享受负面新闻删除，拿到新闻话语权；以攻为守，搜集行业竞争产品‘肾结石’负面新闻的消费者资料，以备不时之需。百度的300万元框架合作问题，目前奶粉事业部已经投放120万元，集团只需再协调180万元就可以与百度签署框架，享受新闻公关保护政策。”

众所周知，三鹿集团是一家中外合资公司，其最大海外股东是新西兰恒天然公司。当恒天然公司在2008年8月得知三鹿生产的奶粉含有三聚氰胺，而且婴儿在食用含有三聚氰胺的奶粉导致患有肾结石后，马上向中资方和石家庄政府官员要求召回三鹿集团生产的所有奶粉。

由于石家庄政府官员试图掩饰婴儿在食用含有三聚氰胺的奶粉导致婴儿患有肾结石的真相，不予正式召回。恒天然公司只好向新西兰政府和时任总理海伦·克拉克报告。2008年9月5日，新西兰政府得知消息后下令新西兰官员绕过地方政府，直接向中国中央政府报告此次事件，中国政府才严正对待此事。

在经过一个多月的发酵后，三鹿三聚氰胺危机事件终于爆发，在2008年9月8日甘肃岷县14名婴儿同时患有肾结石病症，立刻引起外界关注。

从媒体公布的事实看，含有三聚氰胺的三鹿毒奶粉事件并不是突如其来、瞬间大规模爆发的危机事件。

从2007年11月三鹿集团就第一次接到消费者投诉到2008年9月11日危机事件大爆发，三鹿集团起码有10个月应对危机事件时间。如果三鹿集团在2007年11月接到消费者投诉产品有质量问题时，或在2008年3月南京市发现首例肾结石婴儿病例时，就积极主动严格把关奶源质量，或者当发现奶源出现问题时，立即向公安机关举报一些奶农的“不法行为”，并立即停止生产和销售所有问题产品，同时召回受污染产品，向受害消费者进行公平补偿。这样做不仅可以避免危机事件的蔓延，还可以树立重承诺、讲诚信、敢担当的企业形象。

遗憾的是，三鹿高层领导没有这样做，竟然还花300万元让百度屏蔽三鹿的负面消息，企图掩盖真相。其实，三鹿对奶粉的毒性早已心知肚明，然而，在2008年9月11日甘肃一名患儿死亡的情况下，三鹿仍然宣称“奶粉质检合格”，“没有18元价位奶粉”，而后因卫生部提醒消费者停止使用三鹿奶粉，才被迫“承认700吨奶粉受污染”，无奈启动召回。三鹿的做法给中国企业家的启示是，只有过硬的产品质量，营销才能实现其本来的功能，否则如“镜中花，水中月”一样缥缈虚无。

对于老干妈的成功，上海美宝食品有限公司总经理姜袁芝是这样评价的：“我们是从1998年开始与老干妈合作的，可以说我们的发展历程也是老干妈的发展历程。在多年的合作过程中，有几个方面的印象很深刻。首先是产品的品质，可以说是数十年如一日，这也是老干妈能够达到目前市场影响力的一个重要原因。其次是企业的发展理念并不浮躁，不像其他企业一样不断地开发新的领域，进入其他行业寻求发展，正是因为这样的理念，才保证了老干妈产品优秀品质的延续。最后，老干妈在市场管理上的管控方式也保证了老干妈在消费市场的有序、快速增长。目前，老干妈在全国市场根据区域划分，已经建立6个经销商峰会组织，通过这一组织的自发性和制度，也保证了经销商之间、厂商之间信息交流的顺畅。目前，老干妈的销售增长仍然保持在20%左右，这不得不说是快消品领域中最值得关注的亮点。”

3. “老干妈”=香辣酱

辣味和酱香的产品优势是其他竞争者不具备的，在消费者的眼中，“老干妈”=香辣酱。尽管很多竞争者一拨又一拨地涌现，但结果都没有坚持多久就退出市场了。经过多年的经营，老干妈给消费者的印象是“老干妈”=香辣酱。老干妈强势的印象，使竞争对手难以取得突破。

北京中味清云贸易有限公司总经理申健为此评价说：“我当时做的是老干妈的二级分销商，对这个企业和产品有一定了解，它在近5年时间发展迅猛，我想这跟产品本身有很大的关系。首先，我认为‘辣’将成为一个市场消费趋势，比如早期，广东一带喜欢吃辣的人是很少的，但现在广东人也开始喜欢吃辣了，实际上，人们的饮食习惯正在悄然改变，而辣椒酱的市场潜力也将越来越大。可以说老干妈一早就抓住了这样的一个消费趋势，而我们公司也从2004年、2005年就开始代理与辣相关的调味制品。其次，老干妈的酱味做得恰到好处，不像其他企业一味强调‘酱香浓郁’。我认为，反而是没有酱味或酱味很小的产品才更容易被市场接受。此外，老干妈的价格体系也是和消费市场相匹配的。最开始老干妈定价就紧跟同行价位，而随着人民生活水平的提高，它在完善产品的同时，也制定出了与消费水平相适应的产品价格，这样不仅保证了经销商的利润，也容易被消费市场接受。”

在申健看来，老干妈的香辣才是赢得消费者认可的关键。我们在对消费者的研究中发现，老干妈的印象十分深刻地影响消费者。具体有如下几个。

（1）“老干妈”=香辣酱。

在佐餐开胃菜行业，尽管有很多强势品牌，有的因为某种原因销声匿迹，有的不温不火。老干妈则与之不同，经过多年的需求创造，使得老干妈成为一枝独秀。

老干妈在向消费者灌输的产品始终是老干妈辣椒酱，专一而持续的终端传达，有效地把老干妈辣椒酱的固定印象传递给消费者，最终形成“老干妈”=香辣酱的高度融合。这无疑使老干妈成为佐餐开胃菜行业的领军企业，使之成为消费者记忆性的首选品牌，而不是之一。

（2）老干妈的玻瓶型形状具有行业标准。

在超市和百货店，辣椒酱的玻璃瓶几乎跟老干妈的一模一样，可以肯定地说，老干妈的玻瓶型就是整个辣椒酱行业的标准瓶型。

老干妈辣椒酱的玻璃瓶型沿用了较长时间，几乎没改变过。主要是陶华碧一直坚持成本领先观念，在采用玻璃瓶时也坚持这样的观念。为了倚傍龙头老大老干妈，很多跟随者自然没有明显的变化，与老干妈辣椒酱的玻璃瓶高度相似。

（3）“陶华碧”的头像瓶贴成为调味品行业的标准模式。

在老干妈的外包装上，“陶华碧”的头像瓶贴成为辣椒酱行业的统一瓶贴。有的竞争者通常换一个头像，有的去掉头像。

这足以说明“陶华碧”的头像瓶贴不仅成为瓶装酱类制品的标准构图模式，还成了调味品行业的标准模式。

（4）“豆豉+油炸辣椒”的主要成分成为行业的惯用成分构成。

陶华碧研发的老干妈，“黔”地特征较重，日常的豆豉加油炸辣椒的调配佐餐方法遍及千家万户，早已存在。

虽然这种做法并非是陶华碧“发明”，她却从中“发现”了“豆豉+油炸辣椒”的独特口感。在免费赠送中，陶华碧根据该产品得到的满意度判断，最终认为，该产品具有较好的市场潜力。因此下定决心扩大规模生产，才成就了香辣豆豉今天的国际化局面。竞争对手为了抢占市场，必然采取拿来主义，在生产辣椒酱产品时，以“豆豉+油炸辣椒”为基础。

（5）产品香味浓郁，油多，成为打不破的惯例。

老干妈辣椒酱是遵义地区糍粑辣椒的改进版，经过多次改进，形成了以“浓香”为突出重点，油多为特征；以“微辣”和“适口咸”为辅助，构成了稳定的口味铁三角。

竞争者在模仿老干妈时，其风味佐餐酱在口味的调配上，近乎都是遵循这种组合来辅助调整的。

三 创造极致的客户体验

极致的客户体验在当下是一个很火爆的名词，不仅消费者要求商家提供极致的客户体验，也是在“互联网+”时代所必须满足消费者的一个特定需求。在很多年前，陶华碧就采用了产品核心战略下的极致用户体验策略来推广辣椒酱。

在陶华碧看来，味道即王道，恰到好处的复合口感和最普世口味的抢占。在中国，很多企业家的跟随战略随处可见，甚至超过首创产品。不过，也有例外，老干妈的销量冠军产品风味豆豉热销多年，却没有一家企业的相同产品能够超越。

1. 为消费者提供极致的用户体验

在创造极致客户体验的企业家看来，如果仅仅是为了企业生存的持续发展，那么追求极致的用户体验就显得没有多大必要。在许多论坛上，“极致”的用户成了增加产品最后一抹亮色的广告词。

究其原因，那些真正追求“极致”用户体验的企业家，往往是不会在企业生存和持续发展面前妥协的，这在匠人企业家们的意识中，妥协就意味着放弃。如同《月亮和六便士》中的思特里克兰德，抛弃生活、家庭，只因为冥冥中感受到了内心的召唤：我必须得做（画画）。

在当下的手机浪潮中，匠人史蒂夫·乔布斯推出iPhone手机时，诺基亚的高层决策者认为乔布斯压根就不懂手机的本质——消费者怎么会需要用一款款式极少、没有全键盘、硬件性能普通，还价格高昂的手机呢？结果我们都知道了，智能手机的逻辑战胜了传统的逻辑，就如同当年播音的

747击败麦道的螺旋桨飞机一样。正是创造极致的客户体验，颠覆了传统的商业模式，开启了工业4.0的新篇章。

在传统行业，为消费者提供极致的用户体验是赢得消费者的一个重要因素。这种为消费者提供极致的用户体验的经营理念，是陶华碧朴实经营思想的最好的理论注脚，也是陶华碧特立独行的本钱。

在老干妈公司，陶华碧坚持“三不”（不上市、不贷款、不融资）模式的底气，主要依托其强有力的产品和为消费者提供极致的用户体验。

在老干妈的顾客群中，其味道深受辣椒爱好者的热捧，即使“穿上洋装”，依然丝毫不受国界的诸多限制。老干妈之所以能够得到消费者的认可，是因为陶华碧依托其强有力的产品，为消费者提供了极致的用户体验。

这就是为什么竞争者没有其他的产品能够超越老干妈的辣椒酱风味的原因，或者有些竞争者已经做到了，但是投入成本过高，产品价格远高过老干妈，依然不能赢得消费者的认可，更谈不上打动，或者改变消费者的口味习惯了。

为了给消费者提供极致的用户体验，老干妈不仅多次改良辣椒酱产品，还优化产品供应链。这使得老干妈拥有一条制作和销售油辣椒的最优产业链。这个链条打造完成之后，能保证产品的质量，保证企业的利润，又能阻击竞争者进入这个行业。这不仅让老干妈为消费者提供极致的用户体验，还能使其立于不败之地。

2. 保证客户价值，把品质稳定做到极致

企业家追求“极致”的用户体验，其目的是为了企业能更为长久的存续。从这个意义上讲，产品的极致体验不仅关于产品，也关乎哲学。

在这个最好、也是最坏的时代，许许多多、一夜成名的神话刺激着企业家们创造更为卓越的产品，在诸多希望背后，骨感的现实往往又把可能的美好毁于一旦。

事实证明，无数的明星产品在历史长河中诞生，并竭尽所能地关注用户体验，寻求最大化地满足用户的需求，其中也不乏一些朴实甚至笨拙的产品正在挑战用户的感官。

当然，我们不能因为产品朴实甚至笨拙就否认其经营策略，为了企业生存，我们判断的唯一标准是：追求技术和人文完美结合的苹果收获了无数的赞扬，而不断完成新版、发布补丁的微软也同样站在世界的顶端；低价而又美味的老干妈赢得用户的认可，让其口碑在病毒式传播中传递着贵州辣酱的舌尖风味；我们欣赏陶华碧那般追求产品极致的匠人态度，也佩服陶华碧这种更关注“极致”的用户体验的做法。因为在当下，只有“极致”的用户体验，才能真正建立行业壁垒，把竞争者阻击在行业之外，让用户在极致体验的同时，欲罢不能。

陶华碧在为消费者提供极致的用户体验的过程中，无论消费者什么时候买，在哪里买，味道都始终如一，这种高度稳定的产品品质就具有了一般企业难以企及的竞争力。不仅如此，老干妈的定价还相对便宜，但是便宜绝对不是低质。

这与老干妈的定位有关，老干妈的消费人群绝大部分集中在中低端收入者。为了赢得这部分消费者的认可，陶华碧非常重视中低端人群这个目标市场，因为这个市场非常巨大，按照二八法则来预估，中国至少有8亿消费者。因此，要想占领这个目标市场，必须保证客户价值，把品质稳定做到极致，有效地创造出极致的客户体验，才有可能赢得这部分目标消费者的认可。

3. 低价不是低质，创造极致的客户体验

在传统的食品行业中，要想赢得消费者的认可，生产厂家就必须给消费者创造极致的体验。在当下的“互联网+”时代，由于消费者获取信息途径的改变，无疑会促使传统企业研究用户的心理。

在这样的背景下，“互联网+”时代给传统企业研究用户提供了较好

的机会。因为传统企业可以有效地通过“互联网+”来思考和了解用户的心理，而且了解方式多种多样，如在创建一个网络社区，让用户参与某款产品的研发，或者创建电商渠道平台分析用户选择何种产品。传统企业这样做，其深层次的因素还是用户。这其实是“互联网+”时代巨大的改变之一，也是“互联网+”潜在的巨大价值所在。

20多年前，互联网才刚刚步入中国，普及也不到20年。不过，这并不影响老干妈创始人陶华碧的产品研发和制造。1989年，创业之初的陶华碧开了一个简陋的“实惠餐厅”，专门经营凉粉和冷面。

为了更好地招揽回头客，在当时，陶华碧特地制作了一种麻辣酱，在销售凉粉时作为专门佐料，结果食客络绎不绝，生意十分兴隆。

当陶华碧一如既往地经营时，事情却有了些许变化。有一天早晨，因长期劳累过度的陶华碧，在起床后实在感到头晕得很厉害，就没有像往常一样去菜市场购买辣椒。

在陶华碧看来，拌凉粉的佐料有好几种，缺少麻辣酱也不会影响生意。让陶华碧没有想到的是，顾客前来吃凉粉时，发现没有特制的麻辣酱，居然都转身离开了。

陶华碧对此困惑不已：“怎么会这样？难道来我这里的顾客并不是喜欢吃凉粉，而是喜欢吃我做的麻辣酱？难道我这个小店生意兴隆，也是因为有这种麻辣酱的缘故不成？”

此次事件对陶华碧的影响很大。陶华碧敏锐地觉察到特制麻辣酱的巨大潜力。从此，陶华碧潜心研究起来……经过几年的反复试制，陶华碧制作的麻辣酱风味更加独特了。这不仅引来了许多食客，一些食客吃完凉粉后，居然还掏出钱来购买一点麻辣酱带回去，甚至有人不吃凉粉而是专门来买麻辣酱。

与麻辣酱的火爆相比，陶华碧的凉粉生意越来越差，陶华碧做的麻辣酱却做多少都不够卖。陶华碧心里又纳闷了：“麻辣酱充其量只是一种食品佐料，这些人买这么多回去，吃得完吗？”

为了弄个明白，陶华碧也在寻找其中的原因。有一天中午，陶华碧的麻辣酱如往常一样很快地销售完后，吃凉粉的客人就一个也没有了。陶华碧于是关上店门，想出去看看别人的生意怎样。

当陶华碧走了多家卖凉粉的餐馆和食摊后，却发现人家的生意都非常红火。原来这些人做佐料的麻辣酱都是从陶华碧那里购买来的。此刻，陶华碧的肺都要气炸了。不过，任何事情都有两面性，正是这次发现，才有了老干妈的光明前途。

在陶华碧的创业中，陶华碧通过自己独特的产品研发，使得消费者的体验更加极致。时至今日，顾客体验才被中国企业家、研究者们争论得如火如荼。遗憾的是，在争论的背后，屡屡被提及的企业不外乎是苹果、海底捞、老干妈、茅台酒等。

可能有读者问，这到底是为什么呢？原因就是这些企业经营者都用一种追求极致，甚至偏执的劲头在做客户体验。其他未被提及的企业，不一定就不重视客户体验，只是它们未必做到极致，或者极致得不彻底。

在如今的"互联网+"时代，"客户"和"用户"是有区别的两个群体。传统的"客户第一"思维已经悄然发生改变，当然，并不是说在"互联网+"时代客户就不重要，而是说传统企业一旦未弄清楚用户的消费行为之前，也就意味着传统企业还没有找到属于自己的客户。

为了更好地与用户互动，甚至连互联网企业也无一例外地用了超过90%的精力去研究用户和服务用户，甚至在没有自己的盈利产品时会先推出吸引用户的"馅饼"，比如腾讯用QQ吸引用户，360用免费杀毒软件吸引用户，因为有了用户自然就有了客户。

正是因为重视用户，才创造了"互联网+"和"互联网思维"下举不胜举的、吸引用户眼球的、具有创意的引爆营销神话。不过，需要提醒传统企业经营者的是，这些神话是建立在对的时间做了对的事情的基础之上。正如小米手机创始人雷军所言："站在风口上，猪都会飞起来。"然而，不是每个企业都能找到风口，即便找到风口，飞起来之后，也不能保证不会掉下来，商业的创新需要更多理性的思考。因此，在"互联网+"时代，传统行业企业只有应需而变，创造极致的客户体验，才能真正挖掘到传统行业的这座金矿。

第3章 诚信至上

在中国企业界，老干妈创始人陶华碧是一个值得研究的企业家，因为她白手起家，创办了一个销售额突破四十亿元的民营企业。

如果仅仅说她的名字，许多消费者可能不知其人，但是提起陶华碧所经营的『老干妈麻辣酱』，相信无人不晓。

目前，担任贵阳南明老干妈风味食品有限责任公司的董事长的陶华碧，这个连文件都看不懂的农村『老干妈』，到底是如何创办和管理好这个拥有上千名员工的大企业的呢？在创业道路上，陶华碧又是用什么秘诀来扩大生产规模的呢？当老干妈产品瓶盖出现漏油时，陶华碧又是如何处理的呢？……在陶华碧极富传奇色彩的『创业绝招』中，诚信至上的管理手段浮出了水面。

一 “宁可人人负我，我决不负客户”

在中国商业史上，诚信主导着家族企业的发展和壮大。尽管中国家族企业经过公私合营，但是如今依然能看见当初坚守诚信的痕迹。在改革开放后，中国家族企业的声名鹊起，自然离不开诚信。

作为老干妈创始人，陶华碧没有上过一天学，更谈不上制定完善的西方式的现代化管理制度。但是陶华碧凭借诚信经营的管理手段，硬是把老干妈远销到欧盟、美国、澳大利亚、日本、韩国等30多个国家和地区。

在接受媒体采访时，陶华碧坦言，与供货商和经销商合作时，“宁可人人负我，我决不负客户”。这句话体现了陶华碧对诚信的重视。在管理企业时，陶华碧一个有效的绝招就是坚守诚信，因为她坚信，诚信就是老干妈基业长青和永续经营的硬道理和原动力。

1. 人无信不立，企业无信不兴

在老干妈的发展和壮大过程中，陶华碧始终坚信，诚信才是老干妈赖以生存和发展的根基，没有诚信作为基础，老干妈这个企业就无法在市场经济中生存与发展，只有坚持诚信这个立足点，老干妈这个企业才可能基业长青和永续经营。

在中国，陶华碧并非唯一一个重视诚信的企业家。中国香港长江实业公司董事长李嘉诚也非常重视诚信，李嘉诚接受媒体采访时告诫企业家说道：“一时的损失，将来是可以赚回来的，但失去了信誉，就什么也做不成了，我做生意，一直有一个宗旨，那就是不投机取巧，要以诚待人，在对客户做出承诺之后，无论碰到什么样的困难，仍要履行对客户的承诺，以取得客户信任。”

陶华碧和李嘉诚能坚持诚信，主要受传统文化的熏陶，在经营的过程中，凭借诚信，他们意外地打开了企业管理大门的钥匙。伴随着老干妈公司的发展壮大，陶华碧渐渐地觉察到产品的市场拓展成为一个棘手的大问题。

可是，陶华碧既没有学过市场营销课程，也不懂得借助广告策划，甚至连名片都几乎不用，如何开拓老干妈辣椒酱市场，争取新客户成为陶华碧面前的一个拦路虎。

当陶华碧分析自己的优、劣势之后发现，市场营销策略和广告策划是自己的劣势。此刻，拓展市场的难题横亘在陶华碧面前，为了解决这个难题，陶华碧坚信：条条大路通罗马，拓展市场也一样，既然老干妈辣椒酱在贵阳用土办法能够被食客接受和认可，那么只要找到拓展市场的土办法，拓展市场的难题也就迎刃而解。

通过分析对内管理的成功，陶华碧认为：对内对外都是与人打交道，都要讲感情。对内，这感情要体现在“真”上；对外，这感情恐怕就要体现在“诚”字上了。只要你赚钱，也保证让别人赚钱；不坑人，不骗人，愿意与你合作做生意的就多，你就能搞好销售。

于是，陶华碧为此专门召开经营管理大会，在会上，陶华碧对员工们说：“都说无奸不商，我就偏偏不信，我偏偏要‘宁可人人负我，我决不负客户！’请大家一定牢记这一点，在市场竞争中以诚信经营立足取胜！”

正是陶华碧的诚信经营，老干妈才能够赢得经销商的合作，才能赢得消费者的青睐。在中国成千上万的家族企业中，创始人尤其重视诚信。不管是创建于中国清朝康熙八年（1669年）的同仁堂，还是创建于清朝同治十三年（1874年）的胡庆余堂，都是如此。

尽管在创建时，这两家都是从小小的药店开始的，前者创始人乐显扬的服务宗旨——“修合无人见，存心有天知”。

从1723年开始，同仁堂就向宫廷供奉御药，历经八代皇帝188年的历史。在300多年的生存和发展历程中，尽管经历了王朝更迭、列强入侵、倭寇打压，但是历代同仁堂经营者始终恪守“炮制虽繁必不敢省人工，品味虽贵必不敢减物力”的古训，将“修合无人见，存心有天知”的自律意识融入同仁堂的经营和管理之中，从而造就了在制药过程中兢兢业业、精益求精的严细精神，其产品以“配方独特、选料上乘、工艺精湛、疗效显著”而得到病患者的认可。

后者创始人胡雪岩的服务宗旨——“戒欺”。现存的“戒欺”匾额是胡雪岩清在光绪四年四月亲笔所写的店训，他告诫属下要恪守诚信。

“戒欺”横匾的内容如下：“凡百贸易均着不得欺字，药业关系性命，尤为万不可欺。余存心济世，誓不以劣品弋取厚利，惟愿诸君心余之心，采办务真，修制务精，不至欺予以欺世人，是则造福冥冥，谓诸君之善为余谋也可，谓诸君之善自为谋亦可。”

由此可见，胡雪岩创办胡庆余堂时非常崇尚“戒欺”经营，而“戒欺”的经营理念却涵盖在方方面面，如在经营方面，倡导“真不二价”，即做生意讲诚信，老少无欺，贫富无欺，不能有丝毫掺假，“采办务真，修制务精”。

正是胡雪岩的诚信经营，饮誉139年的立业之本。而从“戒欺”横匾的内容可以看出，这不仅是创始人胡雪岩对胡庆余堂经营者的谆谆告诫，也是胡庆余堂制药的铁定规则，更是胡庆余堂称雄制药界的原因所在。

尽管老干妈只有30年左右的历史，但其创始人陶华碧的做法却与这些百年老字号不谋而合。在研究中国成百上千的百年老字号时我们发现，这些长寿企业都有一个共同的特征：创始人极度重视诚信的经营理念。百年老字号在践行诚信的经营理念时，具体的措施是，给顾客提供优良的产品、周到的服务，以此赢得顾客的好评，这更好地延续了企业的寿命。正是陶华碧朴素的诚信经营思想，才让老干妈辣椒酱畅销四海，赢得了华人消费者的喜爱。

2. “我不懂什么时髦的管理方法，我就靠诚信”

同仁堂和胡庆余堂经过上百年的风雨之后，依然能够在乱世、战乱、动荡的社会生存下来，我想肯定离不开诚信。这两家企业与老干妈这个30多年的历史相比，多了几分厚重的历史，却有共通的经营策略——诚信。

2001年年初，广州有一个“老干妈麻辣酱”销售商主动把年销售目标调高到3000万元。当然，这个销售目标是极具挑战性的，陶华碧也认为定得太高了，几乎很难实现这个销售目标。

陶华碧于是半开玩笑地说：“你如果真实现这个目标，我年终就奖你一辆轿车。”在很多场合下，一些企业家们总是承诺经销商完成销售目标后奖励什么，事后却忘记了。

该销售商听了陶华碧的这个承诺之后也没怎么当真，他知道陶华碧特别节俭——她当了这么大的老板，一直都不配轿车，平时出门办事大多挤公汽、中巴，即使是去税务所交税，也是兜里揣上作为中餐的两个馒头，坐着农用车往返，她怎么会舍得奖外人轿车呢？可是到了年终，销售商真的完成了3000万元的销售额。

当消息传到陶华碧那里，陶华碧表态说：“人要讲信用，说出去的话就像泼出去的水，不负责任怎么取信于人？”

陶华碧力排众议，兑现了奖励给广州这位销售商一辆捷达轿车的承诺。此事传开之后，全国各地的销售商都感叹道：“还是‘老干妈’最讲诚信啊！对她这样的人，谁还会忍心骗她！”

当然，陶华碧坚持诚信，不仅赢得了较好的声誉，也得到了回报，这使得陶华碧更加把诚信经营当作企业发展的法宝。在陶华碧看来，诚信才是有效、管用的管理方法。事实上，像陶华碧一样的创始人举不胜举，特别是在中国的明清时期，中国商业迎来了发展的高峰，很多创建于那个时期的家族企业依然在经营和发展，如全聚德、同仁堂、茅台等。

由此可见，中国家族企业的诚信文化已经深深植根于中华民族文化的沃土之中，说到诚信，同仁堂“炮制虽繁必不敢省人工，品味虽贵必不敢减物力”的训诫，便给消费者传递出放心消费的信心，并起到表率作用，在市场强烈呼唤商业诚信的今天显得弥足珍贵。在假冒商品泛滥之际，老字号企业的诚信经营理念，自然会受到消费者的称赞。同仁堂以及更多的老字号企业之所以能流传至今，久盛不衰，很大因素取决于对“诚信”这一理念的秉持。

在老干妈的发展和壮大过程中，陶华碧始终坚持现款现货，始终坚持诚信，陶华碧为此自信地说：“我不懂什么时髦的管理方法，我就靠诚信，我要诚得别人不忍心骗我！谁要是骗了我，别人就会说‘你连她都忍心骗啊？’谁就在同行中臭名远扬，难以立足！”这句话足以说明陶华碧对诚信的重视程度，更说明诚信促进了老干妈的高速发展和壮大。

3. 诚信是企业经营的第一要素

在实际的合作和管理过程中，陶华碧凭借诚信，快速地赢得了合作者极佳的信誉，企业不断壮大，品牌广为人知，利润逐年增加。据公开的数据显示，“老干妈”一直保持令人惊羡的发展速度。

1998年，“老干妈”的产值只有5014万元；2011年，“老干妈”公司累计产值达31亿元，名列中国民营企业50强排行榜的第5名；2013年，老干妈的产值持续上涨，达到37.2亿元；2014年，老干妈的销售收入突破40亿元。

与老干妈产值同步增长的，还有“老干妈”大跨步式的纳税额。1998年，老干妈的纳税额只有329万元；1999—2011年，3年间共缴税8亿元，平均每年纳税2.6亿元；2013年上缴税收5.1亿元，15年里，纳税额增长了155倍。

不仅如此，从“老干妈”1996年创建以来，连续17年销售额持续增长。陶华碧，这个没上过一天学的农村“老太太”之所以能够把一个民营公司办到如此程度，创造了新时代一个令人难以想象的真实神话，是因为她坚持诚信经营、诚信对待合作者、诚信对待员工。

陶华碧的成功，其实就是诚信的成功。在中国数以万计的商业案例中，诚信成功的案例可谓是举不胜举。在巨人创始人史玉柱看来，诚信是企业经营的第一要素。不讲诚信，必然要为之付出巨大的成本和惨痛的代价。正是因为如此，史玉柱才高调偿还曾经所欠的债务。

诚信不仅是做人的基本准则，也是企业发展的基石和竞争的重要因素。史玉柱在接受《北京青年报》采访时告诫创业者："重整旗鼓再创业，首先想到还百姓的债——这也是企业不可缺的财富。企业的诚心是最重要的，中国不少企业缺口就是这一个。史玉柱曾是巨人，现在又打出巨人之牌，相信这个巨人的脚步更坚实了。"

陶华碧和史玉柱的做法能够代表中国企业家的经商之道，其恪守诚信的做法令人佩服，特别是没有上过一天学的陶华碧更让人崇敬。陶华碧的成功之道，更值得那些学历比她高的企业家反思和借鉴。

陶华碧能够把老干妈打造成为行业冠军，断然离不开诚信。究其原因，在中华民族五千年的灿烂文化中，"诚信"二字占有极重要的位置。人无诚信不立、企无诚信不兴、国无诚信不强、社会无诚信不稳。然而，一些企业经营者只顾及眼前的蝇头小利，并没有考虑长远的利益，仅仅为了获得高额利润而降低成本。许许多多知名企业在短暂风光之后就夭折了，其原因就是只顾眼前利益，存在着投机的侥幸心理。不信，我们拿一个真实的案例来分析。

1986年，陈大川在北京某重点大学毕业以后，顺利地进入商务部工作。然而，20世纪90年代初期，陈大川加入了国家干部下海的大潮中，成为一名公司老板。

刚下海的陈大川，有着自己的人脉，于是搞起了餐馆，而后，由于中国改革开放的深入，又经营起广告公司。

当商品批发和广告业务进行得如火如荼时，陈大川决定转向，进入商贸业务。在1994年3月，陈大川和李志敏、林敏君三人成立北京威达商贸有限公司，主要业务有食品、饮料、酒类产品的代理。

在20世纪90年代，威达商贸先后拿下了国内Y啤酒和国际H啤酒北京地区总经销业务，正是代理Y啤酒和H啤酒让威达商贸公司赢得了不错的口碑。

过了两年，北京威达商贸又拿下了××酒北京地区的总代理资格。该酒在北京地区的销售价格每瓶可达七八十元至上百元，而该酒厂却以17.5元/瓶的优惠，允许威达商贸以1/3的现款，拉走100%的现货。

仅仅一年多的时间，威达商贸该酒在北京地区的市场销售额就达到了3000万元。而正当北京地区销量大增的时候，却发生了一件事，使他们的努力毁于一旦。

××酒在中国主要有两个销售成熟地区：一是成都，一是济南。

而北京某地区只是××酒的一个新兴销售区。因为威达商贸所采购的××酒的价格比成都、济南的总经销要低一半。

而济南地区总经销便向陈大川提出，从威达商贸采购××酒。按照行规，窜货本是业内大忌。但是李志敏、林敏君包括陈大川认为，该酒厂远在西南的大山坳里，距离济南非常遥远，而威达商贸总经销的地区在京城，该酒厂应该不会发现他们的窜货行为。

陈大川没有经住每瓶16元的利润和济南总经销方面以现金结账的诱惑，尤其是以现金结算，这样威达商贸一方面可以从该酒厂采购更多的货源。另外一方面威达商贸公司一年来的市场投入，使得威达商贸的现金流已面临断裂。此刻威达商贸急需一笔较大数额的现金，以维持公司的正常周转，于是很爽快地答应了济南总经销窜货的要求。

然而，陈大川等人不知道，该酒厂早就提防着他们的窜货行为。就在窜货行为发生后没几天，该酒厂提出三点：（1）协商免去威达商贸××酒北京某地区总经销资格；（2）在第一点未定情况下，将给威达商贸的××酒由每瓶17.5元提高到每瓶33.5元，与济南地区、成都地区代理商一样；（3）取消威达商贸预付1/3款的资格，从此以后从该酒厂进货必须全款。

让陈大川等人没有想到的是，这三条都打在威达商贸的七寸上，当该酒厂第一条将使威达商贸一年多累积××酒北京地区市场开拓灰飞烟灭；而第二点直接降低威达商贸的盈利点；而第三点制裁，则使得威达商贸面临现金彻底断裂的困境。

威达商贸的危机加剧了威达商贸三位股东之间的矛盾，而且急剧恶化。而后又发生了几起事件使得原本摇摇欲坠的威达商贸，在一片挽歌声中彻底解体。

其实，威达商贸的“死”，则是“死于”陈大川等人的“损害合作者的利益”。在他们从事的产品销售行业里，窜货本是业内大忌，他们却明知故犯。

可能读者不清楚窜货行为的危害性，事实上，窜货不仅会打乱该酒厂对中国的市场部署和市场策略，还会给该酒厂造成非常严重的后果。可以说，窜货的行为历来为厂家所不容。这就是在该酒厂发现威达商贸窜货行为后，采取非常严厉的惩罚措施的原因。

当然，威达商贸的分崩离析，就是陈大川等人为自己“损害合作者的利益”的行为所付出的代价。威达商贸的倒闭警示中国企业家，在全球一体化经济发展的今天，市场经济其实质就是信用经济，参与市场经营的每个人都应遵守“合作者的利益”这个规则，在游戏规则的框架内诚信经营。谁坚守诚信经营，谁就将掌控未来，如果不重视诚信，企业发展就缓慢，甚至就会破产。

二 企业干干净净，一分钱税都不会漏

“纳税是每个人的义务。只有国家富，个人才会富。”陶华碧说，“不管公司经营状况如何，该上交国家的，我们从来不少一分一厘。”据统计，老干妈公司2007年实现产值13.5亿元，上缴税收1.8亿元。多年来，老干妈公司被各级部门授予“纳税大户”“纳税突出贡献企业”等称号。在2003年元月召开的贵阳市加快发展非公有制经济工作暨表彰大会上，贵阳市委、市政府对老干妈公司进行了重奖。究其原因，是陶华碧坚持纳税，如同她说的那样“企业干干净净，一分钱税都不会漏”。

1. “明明纳税第一，怎么给我弄到第二”

在诸多媒体报道陶华碧纳税部分，凤凰网资讯记者陈芳是这样开头的：电影《中国合伙人》的结尾，有一张面孔一闪而过，有留学生称其为“女神”，因为在海外，中国学生的宿舍里几乎都会有印有她头像的辣椒酱，她就是老干妈陶华碧。

陶华碧能够获得这样的赞誉，与其一分钱税都不会漏的经营思想有关。在《中国合伙人》电影中，“中国的英雄是可以跪的，甚至可以从别人的胯下钻过去”这句话引发了企业经营者们的反思。电影中的主角成东青，在警察面前唯唯诺诺的样子给观众留下了深刻的印象。

在很多人的印象中，绝大多数本土企业家就如同成东青一样，这样的真实写照可谓是“识时务者为俊杰”，主要是在特殊的环境下，企业要想生存和发展，企业家只能低头。

但是，这样的妥协和退让并非适合任何一个企业家，也可能与其个性

有关。在老干妈的成长过程中，陶华碧用自己的方式证明了企业家的另外一种活法，也可以把企业做强做大：踏踏实实做企业，一分税钱不偷，一点把柄不留，底气十足地跟他们干架。在初创阶段，陶华碧有时候可能一天要打三次架：跟税务打，跟城管打，跟工商打。

陶华碧为什么敢跟税务、工商、城管打架呢？究其原因，是陶华碧把“纳税光荣，偷税可耻”这句话落到实处，让税务、工商没办法。

在公开的媒体报道中，老干妈纳税几乎占据报道的1/3左右。有时候在接受媒体采访时，陶华碧同样激动。如凤凰网采访陶华碧时，讲到纳税时，竟然讲得非常激动，当着凤凰网记者的面突然站起身，怒拍桌子地说：“你给老子查清楚，我明明纳税第一，怎么给我弄到第二，30万元税款你们给我弄哪里去了？”

陶华碧为什么要发火呢？是因为2012年老干妈纳税4亿元，税务部门却少报了30万元税款。这样的理由让税务工作人员哭笑不得。

自创业之初，陶华碧制定的首要原则就是诚信纳税，按照陶华碧的话说，不按时交税，就睡不着觉。这就是陶华碧因为税务工作人员少报30万元税款发火的真正原因。

具体情况是这样的，在贵阳市南明区一次纳税大户评选大会上，由于税务部门少算30万元的税款，把第一纳税大户老干妈弄到了第二的位置上。陶华碧知道此事后，就跟税务部门交涉，税务工作人员的意思是私下补上，糊弄过去。

让税务工作人员没有想到的是，陶华碧竟然不吃这一套，奖品和奖金可以一分钱不要，但是要把这30万元税款给补上。陶华碧说：“必须在大会上公开给我个说法，这是你们的工作，也是你们的职责！”

在纳税的问题上，陶华碧不止一次跟税务部门的人打架。有一次，陶华碧主动去税务局纳税，工作人员说要送孩子到学校，不给上，让陶华碧改天再来。陶华碧怒了，上去跟该工作人员干了一架，事后，陶华碧接受采访时说：“我主动来纳税，他还刁难我！”

2. 早交晚交都要交，纳税很光荣

在当下的时代，很多企业家把“纳税光荣，偷税可耻”这句话放到嘴边，却不把这句话落到实处，更是以避税的名誉进行偷逃税收。本来企业经营者积极主动缴纳税款，是每一个纳税企业的义务，一些经营者故意拖欠税款，极大地损害了国家、集体和广大人民的共同利益，也把自己的企业陷入重重危机之中。

这样的代价太大了。作为老干妈的创始人，陶华碧是深知“纳税光荣，偷税可耻”的真正含义。当凤凰网资讯以“老干妈企业最被人称道的地方就是纳税，很多企业抱怨税太重。您为什么每次主动纳税？”为提纲采访陶华碧时，陶华碧是这样回答的：“早交晚交都要交，从来不拖欠国家一分一厘，这才是做企业，也是我们的能力，你拖欠或者偷漏人家是很不好的。我们没有国债，不欠国家税收，也没有贷款，干干净净，一身清白，该赚的钱我就赚，不干净的钱我不要。”

当谈及主动纳税时，陶华碧这样说：“别人都说老干妈憨得很，我不憨，我觉得纳税是光荣，我自豪，哪一个要骂我，我要和他骂到底。”

在陶华碧看来，积极纳税不是“憨”，是光荣。这与国家“纳税光荣，偷税可耻”传递的信息非常吻合。令人遗憾的是，很多企业家却保有与此相反的想法，那就是想方设法偷税逃税，无视国家税法，纳税意识淡薄，与税务人员玩捉迷藏，给税收带来困难。这些创业者的主导思想是，税收是国家的，能偷就偷，能逃就逃，把权利与义务对立起来，这是十分错误的。

2012年5月19日，中央党校国际战略研究所副所长、北京科技大学博士生导师周天勇发表微博称：“今年全国一大批小微企业有可能被税务部门整死。”这条微博发出后立即引发了轩然大波。

2012年5月25日，在接受《中国企业报》记者专访时，周天勇回应称：“绝非危言耸听。减税、清费、发展社区小银行是关键步骤，这方面不动真格，中小企业会越来越困难，会破产倒闭一大批。”

持这种观点的企业家也不在少数，一位企业家在接受媒体采访时坦言："如果所有的税费我都严格按照规定缴纳，我的公司马上就会倒闭。如果过去我没有逃税，公司根本活不到今天。"

当然，对于企业家而言，仅仅以这样的理由去逃税漏税显然是不成立的，既然选择了创业之路，无论企业规模大小，都不能逃税漏税。然而，遗憾的是，在众多中小企业中，有九成企业有逃税行为，这足以引起企业家的反思。

这样的问题在2012年5月，北京大学国家发展研究院联合阿里巴巴集团发布的调查报告得到了印证，该调查报告显示，在调研所涉的1400多家中西部小微企业中，90%企业存在逃税的操作。而本次调研针对中西部1400多家小微企业，涉及四川、重庆、陕西、湖南、湖北等省市。其他调查的数据，也基本在这个比例，甚至更为激进。

研究发现，很多企业家在经营过程中，为了增加利润，人为地逃税漏税。在《一个小企业的逃税式生存：不逃税就倒闭》一文的开篇就描述了企业逃税漏税的问题："邵林的公司非常尴尬——再小一点，就是'税务部门懒得管的小虾米'；再大一点，就会进入'查收的重点范围'，偷逃税费会变得很困难。规范吧，成本巨大；不规范吧，又很难融资和进一步壮大。报纸上《小微企业减税》的大标题印得醒目，但邵林（化名）却看都没看就翻了过去。拥有一家40多名员工、年营业收入1000多万元企业的他，本应该与这样的新闻息息相关，但他为何如此漠不关心？'再减我也不能交那么多。'他说，'你的公司逃税？'面对这个问题，邵林几乎不假思索地回答：'如果所有的税费我都严格按照规定缴纳，我的公司马上就会倒闭。如果过去我没有逃税，公司根本活不到今天。'"

3. 照章纳税，工商税务也不怕

20世纪80年代末到90年代初期，中国民营企业艰难地生存着。财经作家吴晓波在《激荡三十年》是这样描述的——

在10月的一次座谈会上，农业部副部长陈耀邦承认，“行业不正之风使乡镇企业受到损失。如一些部门借治理整顿之际，向企业乱收费、乱摊派、乱罚款。有的部门借行业管理、发放生产许可证、产品评优或供应平价物资等为由，划走、平调乡镇企业或改变乡镇企业的隶属关系。”

陈耀邦的这段讲话，还只是陈述出了事实的一部分。在过去的很长时间里，一直存在着一个现象：一些私营业主为了自我保护及得到政策上的支持，便将自己的企业“挂靠”在乡镇集体上，每年缴纳一定的管理费用，其余的资产处置则一切自主。它们被称为是“挂户经营企业”“红帽子企业”或“假集体企业”。其挂靠原因主要有三：政治原因——避免受到政治歧视和间歇性的整顿打击；经济原因——可以享受集体企业的一些优惠政策，合法获得原材料等；运营原因——在初期，私营企业不受消费者和经济交往单位的信任。

其实，像吴晓波阐述的这些问题普遍存在于当时的环境中。尽管贵阳远离沿海，但是个人创业没有停止过。当丈夫病逝后，陶华碧由于没有正式的工作，为了养家糊口，创业也就成为一个没有选择的选项。尽管如此，经历过“割资本主义尾巴”的陶华碧，毅然坚持纳税，但这在当时很多企业家偷税漏税盛行的环境中却有些格格不入。正是因为坚持纳税，陶华碧才敢于跟工商和税务工作者“打架”。

很多年后，当凤凰网资讯以“不少中国民营企业感叹生存环境困难，各种名目税收、各种年检甚至潜规则等，您创业的过程中有没有遇到过来自这方面的压力？”陶华碧谈到为什么不怕工商和税务工作者的真正原因：“我不怕。我们企业走到今天，对国家，就是卖一个煤渣，我都要纳税；对供应商来说，我从不拖欠一分钱；对员工来讲，我按照国家政策不亏待；对顾客，从原材料到每一道工艺，我们都认认真真去做，保证质量。我们非常透明。我的账是公开的，随便你来查。”

在“山雨欲来风满楼”的变革时期，很多企业家都选择了妥协。在《激荡三十年》一书中，吴晓波是这样写的：

1989年之后，随着宏观形势的紧张和政府对私营企业的严厉整治，这股“挂靠风”突然升温。像山东的王廷江和江苏的蒋锡培那样，把自己的企业捐给集体的案例毕竟不是普遍现象，更多的私营企业主选择了折中的“红帽子”方式，数以十万计的私营企业主纷纷挂靠或归属到国营、集体企业的旗下，据统计，在广东汕头地区，此类企业就有1.5万家之多，占到集体企业注册数的六成左右。1990年中期后，政府及媒体突然关注到了这一现象，并对之进行了深入的调查，《经济日报》记者马立群在一篇调查中认为，“假集体现象是私营企业的趋利避害的行为，不足为怪，但是由于这种现象损害了国家的利益便不能不引起我们的关注。这种企业的大量存在，从表面上看似乎是壮大了集体经济，其实大谬不然。这些企业享受的税收、信贷政策优惠，使国家财政受到了损害。有的地方假集体企业占到注册登记集体企业的80%，如果对其进行清理，国家税收无疑可以有可观的增加。”马立群的这种观点代表了当时相当一批观察家和政府官员的立场。很快，在国务院有关部门的督导下，各地开始了对“红帽子企业”——也就是假集体企业的清理工作。

面对时局的变化，陶华碧依然在这个变化中努力地求生存和发展。1989年，陶华碧用省吃俭用积攒下来的一点钱，在贵阳市南明区龙洞堡的一条街边，用四处捡来的砖头盖起了一间房子，开了“实惠餐厅”，专卖凉粉和冷面。当时政策相对不稳定，陶华碧必然面对工商和税务等工作者的诸多压力。

当陶华碧在回答凤凰网资讯“遇到外界压力，很多人可能会选择妥协，你会妥协吗？”的问题时，说道：“如果妥协，另外一拨人又会来，还会变本加厉。他都不怕我怕什么？一个人在遇到艰难的时候，绝对不要让步，绝对不要跟那个人一样，就要跟他打。要打仗，都要打赢。”

不可否认的是，陶华碧有着这样的勇气，不仅是因为要生存，更是因为坚持纳税，让工商和税务等工作者找不到半点纰漏。陶华碧的做法给中国企业家的启示是，作为企业老板，就必须遵循“合法经营，照章纳税”

的规则。

遗憾的是，近年来，中国的地税稽查部门在税务稽查中发现，很多企业法人让财务人员做假账偷逃税款的事件多如牛毛。而一些企业家也因此触犯法律被判刑的人员也不在少数，而其中以民营企业，特别是家族企业尤其突出。

据地税部门介绍，民营企业中涉税违法犯罪的共同特点就是，这些企业法人在利益驱使下，尽可能地少缴或者不缴税，经常利用企业财务人员为保住自己“饭碗”的心态，授意、指使财务人员做假账偷逃税款。一般，企业逃税漏税会采取以下三个手法，见表3-1。

表3-1　逃税漏税的三个手法

（1）	企业法人授意或指使财务人员设置两套账，实行账外经营，内账记录实际收支作为内部核算使用，外账则采取不列，或少列收入的手段用来“应付”税务、工商等部门的检查
（2）	企业法人故意向财务人员隐瞒真实经营情况，提供虚假的经营凭证给财务人员记账
（3）	企业法人要求财务人员按“指定”的利润额记账和申报税费

事实上，不管采用什么样的方式逃税漏税，税务稽查人员都能查出来的。因此，这就要求企业家必须“合法经营，照章纳税”，特别是其中的“照章纳税”，这主要是强调企业对国家和社会应承担责任。

三 “真不二价”

“真不二价”尽管胡雪岩的这四字金律已经有百年的历史，但是仍然被很多经营者视为圭臬。老干妈就是其中的佼佼者。在辣椒酱行业，老干妈创始人陶华碧多年专心研发和销售的产品，使之终于成为豆豉风味辣酱的世界龙头。

客观地讲，真不二价不仅是企业经营的圭臬，也是竞争的最高境界，这个朴素的价值观为没有上过学的陶华碧赢得了消费者的认可，也阻击了竞争者的多次“入侵”。不可否认的是，一些凭借价格战、欺诈、纯炒概念的企业，因为没有坚守质量而被永久淘汰，只有那些奉行真不二价的企业，才能成为企业界的常青树。

1. 读懂“真不二价”的经商精髓

作为富可敌国的徽商代表胡雪岩，“真不二价”是其经商精髓之一，也是其取得成功的关键，即货真价实，价格稳定。提及“真不二价”，可能有些读者不熟悉。其实，“真不二价”是中国的一个成语故事。据说，古代有一个人叫韩康，此人深谙医道，以采药、卖药为生。

在当时的药市上，经常有卖药者以次充好，以假乱真，很多购买者也因此讨价还价。然而，唯独韩康的药材始终质量一致，价格一致，不允许顾客讨价还价。

有的人就问韩康：“为什么你的药价钱不能变？”

韩康回答说：“我的药值这个价，就卖这个价，这叫‘真不二价’”。

结果，病患者服用了韩康销售的药后，疗效果然最好。于是，“真不二价”便在民间传播开了。“真不二价”倒过来读就是“价二不真”，同一件商品，价格不尽相同，质量也就值得怀疑。压价赢得市场只是暂时的，在降低价格的同时就要降低质量，质量保证不了，必然殃及信誉，无疑是搬石头砸自己的脚。

胡雪岩由此认为，在与对手竞争时，不能通过简单的压价策略，即价格战，只有“采办务真，修制务精”来确保药效，才能赢得市场，于是，胡雪岩遂将“真不二价”匾高悬于店堂正中，告诫掌柜和伙计童叟无欺。

尽管胡雪岩的年代早已久远，不过，在当下食品安全和价格战一触即发的背景下，老干妈创始人陶华碧再次坚持“真不二价”的经营策略，还把这一理念发挥到了极致，赢得了消费者的认可和喜爱。

回顾陶华碧的创业我们就不难发现，“真不二价”与陶华碧的创业经历有关。1989年，陶华碧为了养家糊口，不得不另辟蹊径，于是在贵阳市南明区龙洞堡贵阳公干院的大门外侧开办了一个经营凉粉和冷面的“实惠餐厅”。

尽管过去多年，但当时餐馆的“老主顾”韩先生对“实惠餐厅”这个餐馆依旧记忆犹新。他说：“说是个餐馆，其实就是她用捡来的半截砖和油毛毡、石棉瓦搭起的‘路边摊’而已，餐厅的背墙就是公干院的围墙。”

据韩先生介绍，陶华碧经营的“实惠餐厅”，销售的米豆腐价低量足，自然吸引了附近几所中专学校学生的光顾。由于贵州相对比较贫穷，久而久之，就有不少学生没钱付账，无疑就赊欠了陶华碧经营的“实惠餐厅”很多饭钱。陶华碧并未因此难为这些学生，通过了解，对凡是家境困难的学生所欠的饭钱，一律销账。韩先生回忆道：“我的印象是她只要碰上钱不够的学生，分量不仅没减反还额外多些。”

正是这样的创业经历，让陶华碧走出了一条自己的路，在不经意间筑起了一道行业壁垒，即使是实力较强的跨国公司进入也不惧怕。

2. 定价也是定位，占位最有利价格区域

不可否认的是，企业的任何一件产品都会根据不同市场，确定其定价。一般与企业的销售策略和市场地位有关。中国辣椒酱巨头老干妈的定价较低，这与其他辣椒酱品牌的竞争不无关系。在实际的市场营销中，作为市场营销组合中一个十分关键组成部分的定价策略，往往关乎企业的利润，企业经营者为产品定价就成为一个极其复杂的过程。

一般来说，商品的价格将成为影响交易成败的一个重要因素，且市场营销组合中最难以确定的因素。因此，企业经营者采取不同的定价方法，得到产品的基本价格，再根据具体的市场环境、产品条件、市场供求、企业目标等灵活地运用适当的定价策略和技巧，制定最终的销售价格，以期能达到扩大销售，增加企业利润的目的。这要求企业经营者既要考虑成本的补偿，又要考虑消费者对价格的接受能力，使定价策略具有买卖双方双向决策的特征。

当然，老干妈的产品价格较低与其创业经历有关，由于贵阳修建环城公路，这个机遇给予陶华碧发展的机会。正是这次机遇，陶华碧近乎本能的商业智慧第一次发挥出来，给过往的货车司机赠送辣椒酱。后来的人流过多，无法承受其免费赠送，于是创建“贵阳南明陶氏风味食品店”，不再销售米豆腐，辣椒酱的热销远超陶华碧的预期，龙洞堡街道办事处和贵阳南明区工商局的干部开始游说陶华碧，放弃餐馆经营，办厂专门生产辣椒酱，但被陶华碧干脆地拒绝了。

陶华碧坚持餐馆营业的理由其实蛮简单：“如果小店关了，那这些穷学生到哪里去吃饭。”如前所述，陶华碧也出身于穷苦家庭，自然深知穷学生的难处。时任龙洞堡街道办事处副主任的廖正林回忆当时的情景说：“每次我们谈到这个话题的时候，她都是这样说，让人根本接不下去话，而且每次都哭得一塌糊涂。”

陶华碧的辣椒酱生意很火爆，办厂的呼声也越来越高，以至于当年得到陶华碧照顾的学生都积极劝说。1996年8月，陶华碧才迈出扩大规模

的门槛，借用贵阳市南明区云关村村委会的两间房子，创办了辣椒酱加工厂，牌子就叫“老干妈”。

从陶华碧的创业路径来分析，自然不会把价格定得很高，更不可能定位在奢侈品。尽管陶华碧没有学过营销学课程，但是陶华碧清楚地知道，价格往往决定着品牌和目标人群的定位，价格变动，不只是企业利润和销量的变化，更是品牌定位的转移，尤其是企业具有领先市场份额的情况下，提价，往往是给对手让出价格空间。

以消费者为中心，即使定位于中低端市场，也能够提供极致的客户体验。商业需要回归其本源，即企业存在的唯一目的是创造顾客。以老干妈的主打产品风味豆豉和鸡油辣椒为例，其主要规格为210g和280g，其中210g规格锁定8元左右价位，280g占据9元左右价位（不同终端价格有一定差别），其他主要产品根据规格不同，大多也集中在7~10元的主流消费区间。基于老干妈的强势品牌力，其他品牌只能选择价格避让，比如，李锦记340g风味豆豉酱定价在19元左右，小康牛肉酱175g定价在8元左右，要么总价高，要么性价比低，总之都难与老干妈抗衡。

陶华碧的做法无形中筑起了一道行业壁垒，一旦定价低于老干妈的零售价格，其利润几乎为零；一旦定价高过老干妈的零售价，消费者通常会拒绝购买，更不可能占领老干妈的辣椒酱市场。

老干妈的零售价格一直都较为稳定，并坚守价格定位，价格涨幅微乎其微，不给对手可乘之机，在老干妈本身强势的品牌力下，竞争对手们，要么为了低价导致低质，要么放弃低端做高端，而佐餐酱品类又很难支撑高端产品。这给调味酱行业竞争者的定价出了一个难题。

第4章 注重口碑

在快消品，尤其是调味品行业，老干妈可谓是一杆大旗。跟随者做梦都想成为老干妈，或者超越老干妈，却又看不懂老干妈创始人口碑营销的核心优势。

在这些跟随者看来，八元一瓶的辣酱，每天能够成功销售二百二十万瓶，一年用掉一点三万吨辣椒原料，一点七万吨大豆，二〇一四的销售额竟然突破四十亿元，十五年间老干妈的产值更是增长了七十四倍。可以肯定地说，老干妈谱写了中国品牌史的一个辉煌传奇故事。

更传奇的是老干妈『奇葩』的营销模式——现款现货，同时不做推销，不打广告，没有促销，竟然坐在自家门口，经销商却为抢不到货而抱怨。

商家都是先货后款，而老干妈却是现款现货，陶华碧这样做，其底气何来？商家都热衷明星代言，老干妈却是不打广告，其中到底是有何秘诀？商家与经销商经常被曝矛盾重重，老干妈却与经销商利益一致，陶华碧又是如何维护好与经销商的关系？……在这连串的疑问中，陶华碧给出的答案很简单：金杯银杯抵不过消费者的口碑。

一 金杯银杯抵不过消费者的口碑

在很多企业家论坛上，一些企业家不是在吹嘘只有企业文化才能做好企业，就是强调企业上市才能做强做大；不是满嘴称赞西方现代企业管理模式，就是认为只有很牛的管理团队，企业才能生存和发展；不是畅言“互联网+”的极致体验，就是推崇苹果产品的饥饿营销……从不关注产品本身，似乎只要按照西方的管理模式，任何一个产品都能卖得很好。

然而，这样的理论却被一个只认识三个字的陶华碧给搅局了，打破了很多传统的管理和营销观念。在市场营销中，其模式简单实用——现款现货，却在产品本身下功夫，坚持品质取胜，信誉至上，口碑相传。

在陶华碧看来，好的口碑必须是建立在产品的基础之上，是口碑营销的灵魂。事实上陶华碧朴素的做法就是中国诸多创始人经营中追求的“老字号”作风，这不仅把握了口碑营销的本质，也是最质朴的营销价值的体现。

1. 无可替代的产品优势是口碑营销的核心

在中国的诸多商业案例中，老干妈是一个另类。一瓶看似普通的、不足10元价格的“老干妈”辣椒酱，却赢得全球华人的一致好评，一度享誉世界各地。

值得称道的是，“老干妈”凭借口碑相传的营销方式保持17年销售额连续增长，并成为登上美国奢侈品销售网站的国际品牌。让善于炒作概念的企业家不解的是，在“老干妈”几十年的发展和壮大历程中，始终秉承不打广告、现款现货、深度研发的经营策略，似乎与现代企业的营销思想

“格格不入”。

经研究我们发现，企业在产业链中的地位，往往决定该企业的话语权。“老干妈”在产业链上看似强硬，核心还是在于其拥有无可替代的产品优势。

1994年，为了更好地发展贵阳的交通，当地政府修建环城公路，让人没有想到的是，昔日偏僻、似乎没有多大商业潜力的龙洞堡地区由于该公路的修建而热闹起来。因为环城公路的修建使得龙洞堡成为贵阳南环线的主干道，途经此处的货车司机开始日渐增多起来。

大多数货车司机的一日三餐在路边解决，路修好后这些货车司机成为陶华碧所经营的“实惠餐厅”的主要客源。

为了赢得这些货车司机的长期光顾，陶华碧开始向这些货车司机免费赠送自家制作的豆豉辣酱、香辣菜等小吃和调味品，结果深受货车司机的欢迎。

经过货车司机的口头传播，“龙洞堡老干妈辣椒”的名号也因此在贵阳不胫而走，很多食客甚至为了尝一尝陶华碧加工的辣椒酱，专程从贵阳市区开车来到位于公干院大门外的“实惠餐厅”购买辣椒酱。

对于这些慕名而来的消费者，陶华碧开始都是半卖半送。但是渐渐地，光顾的消费者实在太多了，陶华碧觉察到已经“送不起了”。于是，在1994年11月把“实惠餐厅”更名为“贵阳南明陶氏风味食品店”，不再销售米豆腐和凉粉，而是集中销售辣椒酱系列产品。尽管陶华碧调整了销售产品的结构，但是小店的辣椒酱产量依旧供不应求。

在这样的背景下，陶华碧才开始扩大生产规模，不过，做法较为保守，在确保质量和控制风险的前提下，稳健地扩大老干妈辣椒酱的生产。正是在这种近乎苛刻的、匠人文化精神的自律下，陶华碧经营的老干妈辣椒酱的口碑越来越好。究其原因，无可替代的产品优势是口碑营销的核心，也是口碑营销的基础。

2. 过硬的品质才能获得好口碑

众所周知，口碑的概念源于传播学，很多商家广泛地将其应用到市场营销之中，因此才有了口碑营销。传统口碑营销是指通过朋友、亲戚的相互交流将自己购买的产品和服务体验的信息或者品牌像病毒一样传播开来。

从口碑营销的含义不难看出，口碑营销的可信度较高，原因在于口碑传播的受众发生在朋友、亲戚、同事、同学等关系较为密切的群体之间，在口碑传播购买的产品和服务体验的信息或者品牌之前，已经建立了一种长期稳定的关系，效果自然更为有效。

与纯粹的广告、促销、公关、商家推荐等相比，口碑营销的可信度要高得多，影响也更大。因此，企业要想赢得口碑营销，必须拥有过硬的产品品质，仅仅靠炒作是无法获得好口碑的。

在中国企业界，很多所谓的营销高手总是在策划一些新闻事件，试图引起网友的关注而传播事件。在他们看来，只要有传播，就能获得较好的口碑，甚至有所谓的营销高手以为只要做了口碑营销就能为自己的产品创造出良好的口碑。

其实，这样的做法是有失偏颇的。较好口碑的形成最为基本的要求不过是确保产品的质量，一旦产品出现劣质和低劣，用户的体验自然很差，良好的口碑形成也就无从谈起。

2015年6月，珍爱网因为策划“贩卖儿童判死刑”事件而刷爆朋友圈，在珍爱网引起网民关注的同时，其营销手段被媒体批评为没底线。

2015年6月17日，很多人的朋友圈被一条网帖刷屏：建议国家改变贩卖儿童的法律条款拐卖儿童判死刑！买孩子的判无期！相关话题引起了社会各界的广泛关注和热烈争议，帖子图片上显示的接力人数已有数十万。

此次新闻事件传播开后，立即引发了一场关于贩卖儿童是否一律“死刑”的全民大争论。在这场争论中，支持贩卖儿童一律“死刑”的理由是，在中国，孩子可以说是一个家庭的全部，一旦孩子遭遇拐卖，无疑给整个家庭带来难以平复的伤害，只有重罚贩卖儿童者才能杜绝此类事件发生。反对贩卖儿童一律“死刑”的理由是，目前“拐卖儿童罪”重刑率远高于刑事案件平均值，一律判处死刑可能不利于被拐卖儿童的解救。

当两派网民为如何定罪量刑吵得不可开交时，一些研究者却把矛头直指婚恋网站——“珍爱网”。研究者的理由是，策划这场全民大争论不过是珍爱网的一次营销行为。一些营销专家公开批评珍爱网借助公众关切的新闻事件来实现自己的营销目的是不恰当的。央广网就以“‘贩卖儿童判死刑’刷爆朋友圈　珍爱网营销被指没底线”为标题，批评珍爱网的营销行为。

批评珍爱网的营销一浪高过一浪。网友“契约”就通过公众号发表《在朋友圈接力坚持贩卖儿童判死刑，那只是在帮别人赚钱》的文章。该文直指该营销事件不过是珍爱网的一场营销秀。在网友“契约”提供的截图上，活动页面下方清楚地写有“感谢珍爱网友情支持”的字样，当网民点击进去提取链接时就会发现珍爱网的注册推广链接，分析说：“这也就是说，珍爱网在花钱买注册用户，这是他们的其中一条广告链接。上面的红色字体代表着这条广告的唯一ID，通过这个ID注册的用户，珍爱网都要为此付费。”

珍爱网做这样的营销活动，目的还是为了提高知名度，并从中获得宣传的好处。有网友称，假设有100万人承诺，打开页面的人中有10%也承诺了，从页面转化到点击广告的转化率是5%，进入注册页面后成功注册的比例是5%，每个注册的单价是5元，珍爱网由此省去推广费用竟然达到12.5万元。不过，该文章不认同珍爱网的营销手段，“利用大家的心理去做营销，是一件很恶劣的事情”。

在多家媒体和研究者批评珍爱网后，你再次点击“拐卖儿童一律死刑”的接力链接时，已经无法打开。在中国人民大学传播学博士刘波看来，之所以该话题会在短时间内引爆，与其借助的内容有关。

刘波分析称：“我觉得这是社交媒体的属性本身带来的一个问题。社交媒体的传播已经脱离这种传统的人际关系的差序的传播，亲友之间、同事之间叫亲缘、友缘、地缘之间传播，社交媒体现在是一种混播，就是说，我们每个人的社交平台都是交叉性的，很多人说火爆，不论出发点是什么，它引爆的点是全民关注的，贩卖人口的量刑本身就有引爆的价值。”

尽管这样能给珍爱网提高一定的知名度，但是刘波显然不支持这样的营销做法，刘波认为，从关注度上来看可能是成功的，但从道德层面上来说，并不能站住脚。刘波说：“借别人对重大问题的关注延伸，从营销的角度来说无可厚非，所谓的攀附效果，只能说在经济效益上或者说在关注率、转化率上会很好，但是一旦被发现以后，从道德层面、专业层面会失掉很多分数。实际上我认为确实很少有人会因为关注拐卖人口而注册，我觉得它的广告效果是非常差的。”

从珍爱网的案例中我们可以看到，良好的口碑营销能做的，只是借助口碑营销这种方式和手段来帮助优秀的产品加速口碑的传播和形成，而不是策划新闻事件。产品如果本身质量不过硬，它的使用价值也就大打折扣，无论用户怎么用都不会有良好的口碑。所以无论打出来的广告有多么醒目，无论造势出来的宣传会产生多大的影响，都是经不起考验的。而网络平台提供给消费者的低抱怨门槛，更可能加大加深产品的缺陷曝光率，这样前期所做的宣传工作全部打水漂的同时，更可能是在花钱为自己制造负面影响。

老干妈的口碑营销，陶华碧始终坚持产品的品质，始终把品质稳定做到极致。因此，要想赢得消费者的口碑，过硬的产品品质才是形成好口碑的坚实基础，也是口碑营销的关键点。

二 口碑绝不靠广告推广

风云际会的“互联网+”时代，渠道、终端、品牌、互联网思维，各自被梳理成市场营销的主线都在这个时代各显身手。然而，老干妈却偏偏一直行走在营销的原点，致力于产品，始终把品质稳定做到极致。

可以肯定地说，“老干妈”麻辣酱的成功绝对称得上另类——无广告、无欠账、无融资，且在当下如此激烈的市场竞争中，依然能够独占鳌头，这不得不让热衷策划的大师们汗颜。因为陶华碧创造的这个营销奇迹是建立在几乎没有广告，完全凭借老百姓的口碑宣传的基础上的。在陶华碧看来，老百姓的口碑宣传就是最好的广告。

在建厂之前，陶华碧就坚定了完全依靠口碑营销的这个原则，很多消费者正是通过听说而专程坐车赶来购买辣椒酱的。尽管老干妈的规模做大了，但是陶华碧的宣传理念仍然没有变化，在她的意识中，好的产品才能赢得消费者的口碑，而口碑才是最好的宣传之道。

1. 无广告依旧是老干妈不变的营销规则

在凭借广告宣传来提升产品形象的当下，很多企业家认为，天下之大，唯独不能缺少广告宣传。然而，世界这么大，偏偏有人不信这一套西方营销理论，硬是把产品推广到世界各地。这个人就是陶华碧。

无论在电视、杂志、广播上，我几乎没有发现老干妈的广告。这的确引起了我的好奇。一个和读者一样的好奇心驱使着我探索，老干妈凭借什么畅销海内外华人圈？

在中国，老干妈的畅销并无什么意外，但是能够赢得海外华人的认可，就必有其核心秘诀。当然，媒体也在试图揭开老干妈畅销的“独孤九剑”。如《网易财经综合》栏目以《老干妈从不打广告，为什么火遍世界？》为标题分析了老干妈创始人陶华碧的经营策略，让我们对老干妈这个企业肃然起敬。

在该文中，是这样客观地阐述陶华碧的：“风云际会的时代，渠道、终端、品牌，各自被梳理成市场营销的主线。但老干妈一直行走在营销的原点，致力产品。商品（包括物质的产品和服务）是以产品本身为消费者提供服务的，一切营销的手段及方法，都只是提供了一个让商品到达消费者的渠道，而商品本身，才是消费者最初的希望。”

这样的分析是有根据的，对于消费者来说，最关心的还是商品本身。对于任何一个商品而言，都是以产品本身来满足消费者的某些功能，或者提供服务的。一切的营销手段及方法不过是提供了一个让商品到达消费者手里的一个渠道而已，消费者购买商品本身，才是消费者最初希望购买到的某些功能或者体验。

经研究我们发现，媒体流传的老干妈从不打广告，以及从不在广告上花一分钱的做法，与陶华碧创业之初的经历有关。在创业初期，陶华碧就形成了别样的销售路子。

在很多百年老店中，过硬的工艺和产品品质形成的口碑尽管范围很小，却能够持久，而且消费者的忠诚度较高。同样，陶华碧清楚地知道，要想把辣椒酱做下去，产品的品质是必须把关的一道门槛，这不仅可以赢得消费者的忠诚度和粘连度，同时还可以建立一道产品壁垒，使竞争者无法进入，即使进入辣椒酱行业，消费者的粘连性也不大。因此，陶华碧对原材料的把控非常严格，要求辣椒调料都是100%的真料，每一个辣椒，每一块牛肉都是指定供货商提供的，绝对没有一丝杂质。

在原材料成本和劳工成本节节攀升时，陶华碧仍然坚持从不偷工减料，以次充好，用料、配料、工艺拿捏必须保证品质。正是这种打造百年老店的做法，陶华碧塑造了“老干妈”辣椒酱特有的特质，特有的乡愁味道。

更为重要的是，让消费者购买放心，吃得放心。这才是老干妈赢得口碑传播的关键所在。陶华碧把“农村妇女、目不识丁、女性创业，不融资、不上市、大企业”如此的对立关键词融于一身，然而它们却是老干妈这个企业上统一起来的真正原因。

在当下这个镀金时代，只有过硬的产品才能够赢得消费者。在产品质量的把控上，陶华碧是非常自信的。老干妈不同于许多同品类厂家，第一，不接受代理商的退货；第二，现款现货。经销商林先生坦言，经销商收到的超市退货很少是因为质量原因而公司不接受退货的政策对经销商的影响也不大，因为老干妈的销量一直很好，“压货的情况很少”。

从林先生的叙述中不难看出，正是因为陶华碧坚持品质第一，让消费者口碑传播，从而减少了广告这一销售环节，这也是老干妈从不打广告的原因之一。老干妈几乎不在营销推广上有投入，这主要与陶华碧的经营策略有关，陶华碧曾在接受采访时坦言：“我从来没有打过广告，靠消费者的口碑一个传一个，有华人的地方就有我们的产品。”

林先生回忆称，他所在的贸易公司成为老干妈广东地区的经销商时，正好是老干妈的起步时期。老干妈的要求是，经销商只靠口碑营销，但是急于占领市场的地方经销商可以根据自己的经销步骤，在当地投放一些广告，不过，费用由经销商自己承担。

久而久之，像林先生一样的经销商逐步放弃广告推广，这样做不仅增加经销成本，更为重要的是，老干妈凭借口碑就能获得销量的爆炸式增长。林先生介绍说：“1998—2004年，感觉就像突然发酵了一样，销量猛增。”

尽管老干妈一两年才进行一次产品更新，但是这样的成绩给老干妈一个正面的注脚，更显出一股强大的产品威力。占据老干妈辣椒酱销量前三的品种，常年不变。林先生认为：“公司对于推出新品是很谨慎的，其他品牌不断推出新产品抢占市场的方式，对于老干妈来说没必要。”

可能有读者认为，在“互联网+”时代，企业不打广告，其实是具有浓厚的“酒香不怕巷子深”观念，这样的思维已经不合时宜了，然而，陶华碧却用口碑营销让“老干妈”产品走进了老百姓的生活，走上大家的餐桌，远销海外，做到了“有华人的地方，就有‘老干妈’香辣酱”。

显然，消费者的口头传播是最直接、最真实的广告形式。短时间内，好的东西、好的味道在亲朋好友的推荐、传播中走出贵阳，走向全国，迈向全世界。要想让消费者传播口碑，陶华碧把做广告节省下来的资金用于保持新产品质量以及打假上。她甚至连产品包装都被外界认为“土”，对于这个“土”，陶华碧有自己的看法：包装便宜，那就意味着消费者花钱买到的产品更实惠，省下来的可都是真材实料的辣酱，寻常百姓居家过日子，就是图个实惠，又不拿辣酱去送礼，自家吃只要质量好、味道好就行了。虽然利润不高，但陶华碧的企业从不偷税漏税，“1998年产值5014万元，2013年产值37.2亿元，15年产值增长了74倍。1998年上缴税收329万元，2013年上缴税收5.1亿元，15年间增长155倍”。

在食品安全令人谈之色变的今天，很多企业家在想方设法地降低成本。然而，陶华碧却坚守品质，坚守用良心做产品、用良心做企业，踏踏实实做企业，免去了烦心的事情，专心做老百姓喜欢和熟悉的味道，这是她秉承的信念和企业文化。

究其原因，企业经营者不能把营销等同于推广和广告。对于任何一个企业来说，营销的目的是让销售成为多余，是“在销售之外做点什么”的事。很多名不见经传的企业，实际上是一个品类的隐形老大，深层次的营销不一定要做很大力度的推广，以整合之力达到市场目标才是关键。

2. 广告的本质目的是占领消费者心智

20世纪90年代至今的中国，很多企业家都热衷于重营销、轻产品模式，特别是倚重投放广告来传播产品的核心价值。当时广告的传播是单向的，只要在电视或者杂志上做广告，就能达到广而告知的效果。于是很多企业家不惜血本在电视台投放广告，甚至在中央电视台死拼标王。成为标王之后，迅猛的广告席卷中华大地，有的一举成为中国知名名牌，有的则经过高速发展之后迅速陨落，比如秦池。

1995年的秋天，原秦池集团经营厂长姬长孔励精图治之后，秦池酒厂的销售额超过1亿元，甚至在北方白酒市场攻城略地，小有名气，秦池的发展非常迅猛而稳健。此刻，姬长孔熟悉的朋友给他打电话问去不去梅地亚中心，而正是这个电话改变了秦池的发展轨迹。

1995年11月8日，北京开始刮起沙尘暴。为了赶赴此次广告招标大会，姬长孔特意穿了一件西装，尽管式样陈旧，但也是精心打扮了一番。当姬长孔第一次出现在梅地亚中心时，他绝对没有想到，这里成为他的幸运之地和伤心之地。一年之后，他成为这里最耀眼的人物，而三年后，当他又一次企图进入那道玻璃旋转门时，却因为没有出入证而被拒之门外。

财经作家吴晓波为此写道："在这里，他见到了很多名声显赫、笑傲天下的江湖大佬。在饮料食品行业，真可谓群雄荟萃，有风头正健并互相较劲的宴酒、家酒兄弟，有崛起不久的饮料新贵娃哈哈、乐百氏，有最近以地毯式广告而闻名一时的沈阳飞龙、三株口服液，还有刚刚在一场官司中败下阵来的已经有点日薄西山的太阳神，如果一切如意，他也很快将成为炮制这些名品的豪杰中的一员……11月8日的梅地亚中心，是一个造梦之地、疯狂之地，一出绝世的癫狂戏剧即将上演。"

在吴晓波看来，所有企业家进入梅地亚中心这个造梦、疯狂的场所，都可能在瞬间失去理智，也包括军人出身的姬长孔。为了能够拿下标王，姬长孔随身携带了3000万元的广告费，这几乎是1994年秦池酒厂1年的所有利税之和。

时隔多年，姬长孔坦言，此行的他打算在梅地亚中心豪情一搏。按照中央电视台的规定，所有竞标的广告必须由广告中介公司来代理。于是姬长孔与一家影视交流公司合作，让其成为秦池的广告代理商。当广告代理商被告知只有3000万元的广告费时，广告代理商毫不客气地坦言，在梅地亚中心，3000万元只能起到一颗中型炸弹的效果，达不到爆炸出一个轰动天下新闻的当量。

姬长孔问道："那大概需要多少？"对方回答："6000万元。"6000万元的广告费意味着3万吨白酒的销售收入，而这3万吨白酒足以把梅地亚中心淹没一半。经过一番权衡之后，姬长孔连夜向临朐方面回报来自梅地亚中心的信息，并得到了当地政府的竭力支持。

经过一番紧急的谋划，一个新的标底终于浮出水面。在竞标大会上，几乎所有的关注都集中在"两孔"身上。孔府家酒开出的标底竟然是上届标王的2倍，达到6298万元；尝到甜头、因加冕标王而声名大振的孔府宴酒当然不肯服输，开出了6398万元的标底，比孔府家酒高出家酒100万元。当唱标结束时，山东秦池酒厂以6666万元竞得标王，高出第2位将近300万元。

当秦池获得标王后，吴晓波是这样叙述的：

"谁是秦池？""临朐县在哪里？"从当时的一张照片可以看出，在场的姬长孔还很不习惯镁光灯的聚焦及众多记者的簇拥，在拥挤的人群中，在火一样蹿升的热情中，他还笑得不太自然。但他显然知道，他终于来到了华山之巅。

不可否认的是，广告在一定阶段能够提高企业的销售业绩。获得标王后的秦池得到了中央电视台的巨大造势回报，迅速成为中国白酒市场上最为显赫的新贵品牌之一。1996年，秦池对外通报的数据显示，当年度企业实现销售收入9.5亿元，利税2.2亿元，分别为上年的5倍、6倍。

1996年11月，姬长孔因为1995年秦池获得标王而名扬天下，当再次来到梅地亚中心时，姬长孔发言说："1995年，我们每天向中央电视台开进一辆桑塔纳，开出的是一辆豪华奥迪。今年，我们每天要开进一辆豪华奔驰，争取开出一辆加长林肯。"

当姬长孔的话音还在梅地亚中心回荡时，他的发言犹如酵母般让在场的企业家思想发酵，与会的企业家都能嗅到一丝更加惨烈的血腥味道。

随后的广告竞标从一开始就如同一匹脱缰的马，让在场的企业家难以驾驭：广东爱多VCD最先报价8200万元，超出1995年秦池标王1000多万元。只有两周岁的爱多VCD第一次在梅地亚中心亮相，就超越了前人的标杆，此时它已经显露出"标王继承人"的霸者之气，日后它将演绎一出比秦池更为悲烈的大剧，并最终走上一条不归之路。

随后，生产空调的江苏春兰，报价1.6888亿元，这样的加注震慑了一大批企业家。然而，仅仅过了几分钟，广东乐百氏以1.9978亿元的报价打破沉默。在场的很多企业家都以为，1996年的11月8日将属于广东乐百氏了。

然而，迟迟出场的山东好汉却让所有的人从极度的兴奋转入了极大的愕然。乐百氏之后，名不见经传的山东白酒金贵酒厂以2.0099亿元的报价再次刷新纪录——中国广告报价自此首度突破2亿元。山东白酒金贵酒厂企图与秦池一样一鸣惊人。

接下来，又一家从未听说的山东齐民思酒厂更上一层楼，开出2.1999999999亿元的“天王级”报价。这时，终于轮到秦池了。当主持人念到“秦池酒厂”的时候，已如沸水般狂腾的全场顿时变得鸦雀无声。人们似乎预感到将有奇迹发生，谁也说不清此刻的心情：期待、忌妒、憎恨、渴望……猛然，主持人声嘶力竭地叫道：“秦池酒，投标金额为3.212118亿元！”

秦池再次赢得标王，这一刻，姬长孔肯定终生难忘。秦池和他的事业在此时达到了前所未有的巅峰，且不管其中飘浮着怎样的疑云或荒诞，毕竟那个梅地亚中心的1996年11月8日是属于秦池的。可是，也是在这一刻有人预感到了不祥。犹如节日一道迷人的冲天焰火，在陡然而起的万丈光芒之后，不可避免地是骤然坠地的永恒消逝。

秦池也好，后来的爱多也好，试图每天以广告狂轰滥炸的形式给中国消费者洗脑，尽管在一夜之间把品牌知名度提升了，却因为过度倚重广告而“创业未半而中道崩殂”。当然，20世纪90年代，企业家热衷广告有其特定的历史性，当时由于消费者获得信息的渠道有限，消费者对品牌和产品的认知，更多地源自广告，如“娃哈哈，我要喝”“果肉果冻喜之郎”“人类失去联想，世界将会怎样”“真诚到永远”“科技以人为本”。

在当下的“互联网+”时代，由于消费者获得品牌和产品信息非常容易，个性化也很强，厂家单向的广告灌输模式已经没有多大效果，而更多消费者看重的是用户的口碑。比如在当当网上购物，大多数购买者都会浏览差评，一旦差评涉及产品性能，消费者就会放弃购买某种产品。因此，在“互联网+”时代，口碑营销比广告更为直接和有效。

当然，老干妈的业绩离不开口碑营销，可以肯定地说，老干妈是口碑营销的受益者，也是口碑营销案例的书写者。陶华碧的营销思路就是，老干妈产品不用打广告，也从来不做广告，产品的营销对于陶华碧而言都不是问题。究其原因，就是“老干妈”辣椒酱产品被食客们广为称赞，甚至活在食客们的口碑当中。

众所周知，任何一个企业做广告，目的在于占据消费者的心智而谋求市场的垄断，即广告语言简单而明快，如果一句广告语能够唤起消费者共鸣的诉求，它就能够促进某个企业成为品牌。不过，经过分析后我们发现，企业的最终目的是为了能够占领消费者的心智，广告只不过是一种传播介质，有的企业可以通过产品本身能达到这样的效果，比如老干妈，看似老干妈没有做过什么广告，也没有让明星为其代言，但是老干妈的产品早已完成了消费者心智的占领。

1994年，陶华碧向司机免费赠送自家制作的豆豉辣椒酱、香辣菜等小吃和调味品，大受欢迎。货车司机的口头传播让“龙洞堡老干妈辣椒”的名号在贵阳不胫而走，很多人甚至就是为了尝一尝她的辣椒酱，专程从市区开车来“实惠餐厅”购买。在当时传播条件限制下，老干妈不做推广依靠口碑逐步积累，并未使其丧失市场先机，经过时间酝酿，成就了惊人的市场爆发。世易时移，面对当前的传播大爆发，企业不可盲目地复制无传播的营销做法。

三 深化产品改革和创新

老干妈之所以能在短短的十几年时间里从无到有、从小到大，发展到今天行业第一的规模，离不开陶华碧的产品改良。可以说，正是陶华碧一直坚持可持续发展战略、不断提高企业的创新能力，才保证了老干妈的生产规模和加工工艺。

为了保持老干妈发展的可持续性，陶华碧深化产品改革和创新，即采取产品差别化战略，从产品的质量，产品款式等方面实现与其他企业的差别。在此基础之上，实行产品专业化，不断地深化产品改革和创新，提高产品质量，有效地满足消费者更多的产品需求。

1. “我没文化但是有技术”

20世纪80年代，与沿海的创业热潮相比，偏僻的贵州大地却依然沿袭计划经济的步伐缓慢地进行着。当中国改革开放的春风吹进贵州时，迟来的创业热情一下子被激发出来。

在这波创业浪潮中，无外乎三种人：农民为了改变自己的生活状况；城镇无业人士为了解决就业；公职人员有些个人原因辞职创业。在这三种人中，第一、二种人居多。

由于历史的原因，此类创业者大都学历不高，甚至都没有上过一天学。陶华碧的创业，显然是属于这一类。在公开场合，陶华碧对外坦言：“我没文化但是有技术。”

在陶华碧看来，由于历史原因，缺乏文化知识成为其自身的短板，不过，在技术类创业中，支撑企业发展的关键，不是学历，而是核心技术。

如同陶华碧有底气地介绍自己曾经做过的产品："我没有文化，就一心研究技术，有技术，到哪里都干得好。"

（1）卖米豆腐时，"我做的米豆腐可以下锅炒"。

（2）开饭店，"现在公司的厨师是我教出来的呢，不过还是没我做得好"。

（3）做辣椒调味品，总是比别人的产品口味独特，比别人的香。"不信我做点辣椒面给你回家尝。"当媒体记者采访陶华碧时，陶华碧对记者自信地说。

研究发现，在四川地区，人们喜欢麻辣；湖南地区，人们喜欢鲜辣；而在贵州地区，人们喜欢香辣。由于食辣的习惯不同，导致了食辣地区所生产的产品风味迥然不同。

事实证明，正是由于陶华碧把老干妈辣椒酱做得"香"，同时与"香辣"结合，才使老干妈产品能覆盖除台湾省以外的全国各地，并远销欧盟、美国、澳大利亚、新西兰、日本、南非、韩国等30多个国家和地区。

不可否认的是，老干妈取得这样的成就，离不开陶华碧潜心研究和探索。当上百次的产品实验得到验证之后，老干妈的产品终于得到了消费者的认可。

可以说，正是陶华碧一个小小的改动，一举改变了辣椒产品局限于嗜辣地区形成的饮食传统习惯。如今，在产品开发方面，陶华碧依然是老干妈公司的"技术总监"。

为了能够开发更好的辣椒酱产品，陶华碧坚持不喝茶，不喝饮料，以保持灵敏的味觉和嗅觉。陶华碧自信地说："不管什么产品，只要我一闻一尝，就晓得哪种配料没放对。"

在陶华碧看来，尽管自己没文化，但是拥有制作好吃辣椒酱的手艺，这是很多竞争者无法超越的。如同苹果手机一样，正是乔布斯的一再坚持，真的做到了改变世界，而当初把他赶出董事会的销售糖水的家伙却至今默默不闻。

当然，陶华碧的做法可能与贵州重视匠人有关，在贵州，不管是石匠还是木匠，都会受到别人的尊敬。在老干妈的产品开发中，陶华碧融入了这种匠人文化。陶华碧努力开发的辣椒产品，充分挖掘富有贵州地方特色的“香辣调味品”资源，如牛肉末辣椒酱、辣子鸡辣椒酱、风味腐乳、香辣菜、香辣酱。事实证明，老干妈推出的新产品花样不断，让竞争对手羡慕嫉妒恨的是，老干妈所有的产品都能做到“一炮而红”，这或许与陶华碧的创新精神有关。

2. 实行产品专业化，不断深化产品创新

作为一种劳动密集型的产业，老干妈与老字号企业一样面临技术创新的问题。由于技术存在局限性，过去传承下来的技术工艺都是师傅带徒弟传承模式，根本谈不上现代技术开发，甚至还有不少工艺技术已经过时，即使有些传承下来的特有技术，多数也未形成现代意义上的自主知识产权，不规范，也未受到应有的保护。

老字号的技术创新同样困扰着老干妈，2005年，由于老干妈的订单太多，产品供不应求，竞争对手渴求的订单问题曾一度让陶华碧困惑。

陶华碧一直依赖一大批创业初期的技师，这些技师都有着十几年的工作经验，而且对掌握配料的比例、炒制的火候、灌装的技巧等经验非常丰富。当然，要想增加一批这样的技师，培养过程都需要耗费大量的时间和精力。假设继续遵循传统的手工生产模式，在短时间内是不可能实现质量和产量的双赢的。即鱼与熊掌不可能同时兼得。

然而，当大批订单如雪花般飞来时，创新问题就横亘在陶华碧面前，只有迈过这道坎才能解决现代化大生产的技术问题。在这样的机遇和挑战下，陶华碧下决心把技改创新作为老干妈发展的第一战略来实施。

为了早日解决创新问题，陶华碧集中领导力量、集中技术骨干、集中专项资金，开始实施三次技改创新，即通过自动化生产，不断地提高老干妈生产的效率、扩大老干妈的优势产能，有效地实现了质量和产量的双赢。

2006—2008年，陶华碧实施一期技改，集中研究出口产品半自动燃

气炒锅炒制品工艺、灌装半自动化、自动广口瓶清洗、消毒、烘干机、配料、车间和大型综合库房项目，耗资1亿元。

2009年，陶华碧又斥资2.9亿元，研究全自动化冲击工艺。即机械化封盖、自动贴标、自动封箱、卸垛机、码垛机、自动炒制机等项目。

当前，老干妈在实施第三次技改创新——全智能化生产，而且已实施过半，老干妈的生产、管理标准化和可复制化将得以实现，未来就能像肯德基和麦当劳一样，只要有市场需求、条件允许，就能随时实现快速扩张。

三次技改创新，提升了老干妈的竞争优势，并且产能、产值节节攀升——2006年实现产值12.8亿元，一期技改完成的2008年跃升至18.8亿元，2012年将实现产值30亿元，三期技改完成，2020年预计将达百亿元……

3. 老干妈打败百年的永丰辣酱

在辣椒酱领域，并不是仅有陶华碧一人觉察到辣椒行业的巨大商业价值。当“老干妈”面市没多长时间，“老干爹”“阿香婆”等竞争对手随后蜂拥而起。尽管老干妈最终傲视群雄，笑到了最后，不过与湖南双峰县“永丰辣酱”存在几个世纪的历史相比，老干妈等企业都是辣椒行业的后来者。

永丰辣酱，曾经辉煌一时。其曾作为朝廷的贡品被进献给当时的咸丰皇帝，因此名声大噪。这不仅使得永丰辣酱摆脱了湖南双峰的地域束缚，还走向更为广阔的市场。截至20世纪80年代，永丰辣酱畅销华夏大地，甚至远销日本、美国，达到年产1500吨的产业规模。

在今天看来，1500吨似乎微不足道，但是在20世纪80年代的中国，这可是一个天文数字。然而，由于诸多的原因，永丰辣酱达到增长峰值辉煌后便停留在了这一水平，之后开始萎缩，最终湮没在市场的历史长河中被消费者淡忘。

永丰辣酱沉寂后，有人研究发现，永丰辣酱这个拥有绝对优势的行业领头羊并不是被“老干妈”“老干爹”等后来者冲垮，与其说它在惨烈的市场竞争中一次次败下阵来，不如说是称霸市场之后战略失焦、一系列错误举措导致的“自毁长城”。

资料显示，永丰辣酱是湖南省双峰县永丰镇生产的，因其地名而闻名于世。湖南省双峰县永丰镇盛产灯笼辣椒，当地居民就以灯笼辣椒为原料，以民间制酱的传统工艺方法加工而成，最早的制酱传统工艺可追溯到明代。

改革开放后，中国市场经济的号角正吹响，位于中南地区的湖南也拉开了社会主义市场经济的序幕。1986年，国营永丰辣酱总公司在此成立，分公司均以“永丰辣酱”品牌来推广和销售产品。

20世纪80年代，由于中国物资匮乏，市场需求的旺盛超出经营者的预料。为了拓展似乎没有边界的市场，一些分公司扩大辣椒酱产能，大肆收购湖南省双峰县永丰镇以外的辣椒来代替本地辣椒，随意缩短辣椒酱的加工工艺流程，甚至还掺杂面粉、豆渣等原材料。这样的行为无疑给永丰辣酱的品牌形象造成不可挽回的巨大伤害。一些观察家痛心疾首地评论道：“具有三百年历史的永丰辣酱牌子砸在了当代人手中。”

永丰辣酱的陨落主要有两个原因：（1）基于品牌知名度而生的投机心理，自以为“皇帝女儿不愁嫁”，忽视市场营销，根本不把消费者放在心上。（2）根深蒂固的骄纵自满情绪作怪。永丰辣酱的管理者认为，永丰辣酱之所以被评为名优产品，全因采用传统土法技艺生产，没有必要耗资引进先进工艺和机器设备，因此对科学工艺退避三舍。对于上级拨付的技术贷款，永丰辣酱三厂却用来购置锅炉、修建水池，并没有用以提高自身的生产能力和工艺水平。而与此同时，陶华碧等草根创业者却将千辛万苦筹措到的有限资金，投入到现代化生产线的建设当中。

由于老字号在经营理念、技术、产品和服务上缺少创新，不能与时俱进，随着消费水平和消费方式的变化而变化。永丰辣酱与老干妈，这个百年老字号与后起之秀的故事又一次提醒人们，商业世界中，此消彼长的巨大落差往往在一念之间注定，那些看似强大的行业领导者也许并没有意识到，在他们风光无限的时候，也正是转变即将发生的时刻。当他们感到危机时，一切已经来不及。

为了避免重蹈永丰辣酱的覆辙，陶华碧进行了技术创新。在技术创新上，陶华碧尤其重视对新产品的开发，几年时间内相继开发出风味豆豉油制辣椒、辣三丁油制辣椒、风味鸡油辣椒和风味水豆豉等10多个新产品，还耗资600多万元用于厂房、生产车间、机械化流水线生产等硬件设施建设和技术改造，成立专门的技术攻关小组，进行各项技术研究和改造。

第5章 现金为王

二〇〇八年下半年的金融危机爆发后，『资金链断裂』成为一个可怕的魔咒弥漫在中国企业之中。因为现金枯竭、资金链断裂触发的企业倒闭潮席卷全球。在这场由金融危机引发的全球经济危机中，一场企业倒闭潮席卷了中国最重要的制造业基地——珠三角和长三角，更多的企业则陷入现金财务危机，珠三角和长三角地区有数千家企业因为资金链断裂而倒闭。

然而，在贵州的省城贵阳，老干妈却并没有受到过多的影响。仅仅在二〇一一年，老干妈的对外出口数量达到一千四百十二吨，销售收入达五百万美元，老干妈因此成为贵州省出口量第一的民营企业。二〇一二年的前三季度，老干妈海外出口数量达到八百一十吨，销售收入近三百万美元。

老干妈凭什么在后金融危机时代能够异军突起，百折不挠呢？在融资难的今天，老干妈有啥底气敢说不贷款、不融资、不上市呢？在机会遍地都是的今天，陶华碧为什么说『有多大本事就做多少事情』呢？答案就是现金为王。

一 现款现货

曾有人这么形容老干妈，“几年来，作为酱类调味品领导者的老干妈就像一位埋头疾行的剑手，身影绝世而孤独”。这样的描述非常客观公允，在完全凭借经销商赊销打天下的快消行业，老干妈几乎成为一个另类，创始人陶华碧坚守现金为王、现货现款原则，绝不玩提前确认收入、赊销的那一套，提货都是真金白银。

在老干妈的发展和壮大过程中，陶华碧始终坚持“我从不欠别人一分钱，别人也不能欠我一分钱”的经营策略。这也是在融资难和钱荒的2014年，老干妈依然高速发展的一个关键因素。

1. “我从不欠别人一分钱，别人也不能欠我一分钱”

经商在中国可谓历史悠久，自古以来，历代经商者便有自己的经营之道，不是每个企业都应去套用六西格玛、福特生产方式等著名的管理理念。通常，经营者们会用现款现货，这个“原始”、最为朴实的财务理念来经营企业。

在经营者崇尚西方管理制度的今天，可能有人认为现款现货已经落后，但是实用的未必就是落后的。没有进过一天学堂的陶华碧自然深知现款现货这个道理。无论是收购农民的辣椒，还是把老干妈辣椒酱销售给经销商，陶华碧永远都坚持是现款现货。

多年以来，陶华碧从没改变过规则：一手交钱，一手交货。在这一点上，陶华碧绝不会让步，“我从不欠别人一分钱，别人也不能欠我一分钱。”即使在“老干妈”刚刚起步资金困难时，陶华碧也是如此。

贵阳第二玻璃厂厂长毛礼伟回忆说："当时她给我打了个电话，说要一万个瓶子，现款现货，我真有些不敢相信。"就是这样，十几年来"老干妈"企业没有应收账款和应付账款。

在陶华碧的经营思想中，"我从不欠别人一分钱，别人也不能欠我一分钱"。这样的经营思想源于当初的创业经历，陶华碧第一次购买装辣椒酱的玻璃瓶，只有几十元，自然是现金购买。然而，今非昔比的陶华碧在采购辣椒时，采购额可能超过千万元，但其现金购买的思维依旧没变。当把老干妈辣椒酱批发给经销商时，陶华碧始终坚持现款现货。如今的老干妈，没有库存，也没有应收账款和应付账款，只有高达十数亿元的现金流。

2. 现款现货源于充足的现金流

在最近的媒体报道中，看到很多企业老板因为现金流断裂而自杀。用这样悲壮的举动来告别自己曾经经营的陷入危机重重的企业，不得不使人深思。在实际的企业经营中，如果实在经营不下去，通常有两个方法：第一，卷款跑路；第二，按照公司法，依照程序申请破产。

很多企业老板并没有这样做，曾经被誉为制造业之都的温州和东莞，这样的自杀事情屡屡发生。曾经是改革开放中的典型标杆，如今却在一地鸡毛的破产声中苦苦哀号，这到底出了什么问题?

翻阅媒体的报道后我们发现，这些企业因为应收账款过多，而又无法融到资金，使得企业的经营举步维艰，甚至是现金流断裂。

客观地讲，在中国很多企业中，应收账款过多是一个常见的顽疾，即使是像长虹这样的大型企业，同样因为应收账款而出现呆账，结果使得长虹的经营一度陷入困境。当然，这样的顽疾与中国企业的决策者有关，一些制造企业为了拓展自己的渠道，或者尽可能地抢占市场份额，不考虑应收账款存在的风险，盲目地发货给经销商。

殊不知，这样的做法对制造企业来说，可谓是一把双刃剑，一旦当应收账款无法收回时，必然造成无米下锅的境地。这样的做法是不值得提倡的。现款现货，可以防止烂账。史玉柱在很多年后回忆说：

> 巨人在高峰的时候，有3亿元的烂账，其中有2亿元是因为管理不善而烂的，有1亿元是因为意外的。
>
> 为什么会烂，因为我们货款是赊销的，所以在低谷的时候我们就制定，哪怕我做得再小，我所有的产品现款现结，你不做就不做，但是我就是现款现结。开始很难，大家都说做不到，但是咬咬牙撑过来了，最后也做到了，所以现在和我们做生意的公司全部都是现款现结。
>
> 当然我们也不欠别人的钱，所有供应商的款，我们也给你现款现结，广告费我们也跟你现款现结，就是我们也给你付出去，但是我们不欠别人的，别人也别欠我的。
>
> 实际上这样一旦进入良性循环，大家知道你这个企业就是这个行为，想和我做生意，就是这样的，慢慢被认可了，也就做到了。脑白金累计几十亿元的销售额，没有一分钱烂账。

陶华碧敢于现款现货，甚至不贷款、不融资，底气源于老干妈数十亿元的现金流。因为处于四面丛林的传统制造业，老干妈坚守现金为王、现货现款原则，绝不玩提前确认收入、赊销那一套，其增长都是真金白银实打实的增长。1998年产值5014万元，2013年产值37.2亿元，15年间产值增长了74倍。1998年上缴税收329万，2013年上缴税收5.1亿元，15年间增长了155倍。与其财务原则对应，是其不上市、不贷款、不融资和现款现货的经营原则，固执到近乎偏执的理念，一分钱一分货，没有大经销商拥有特权。

从艰辛起家时，陶华碧向玻璃瓶厂几十元的零散采购坚持现款现货，即使如今超过千万元的日销售额，同样坚持现款现货的原则，就连收购农民的辣椒也不例外。陶华碧曾说，“我从不欠别人一分钱，别人也不能欠我一分钱”。因此，老干妈的公司账目格外简单。

正是因为现款现货策略，让老干妈拥有巨大的现金流。这无疑提升了老干妈的省级代理门槛。“要给总公司一两千万元的保证金，证明你有这个实力做代理。”林先生说，“仅广东地区，每年的销售额都能达到3~5亿元。”据先生介绍，即使占老干妈全国1/10强的销售额，代理经销商仍然没有争取到账期的“特权”。

业内专家对此分析，由于老干妈不存在同业竞争者，加上产品品质稳定，所以能够做到现款现货。这一点也得到林先生的肯定。林先生说：“自己经销老干妈十几年，眼看其他品牌的起落，只有老干妈一枝独秀。即使是现款现货，代理授权也很难拿。”

二 有多少钱就做多少事

在老干妈的发展过程中，创始人陶华碧始终坚持“有多少钱就做多少事”的原则，实施稳健的企业战略，有效地保证老干妈的持续经营和基业长青。正是因为如此，陶华碧也给自己筑起了一道安全的防火墙——踏实经营，不偷税，不贷款，不欠钱，不控股，不上市，如陶华碧所言：“我们有多大的本事，就做多大的事，实实在在来做，这样子比较长长久久。”

1. “有多大的本事，就做多大的事”

在中国，经常有企业家在公开场合宣称，三年就可以国际化，甚至还宣称五年就可以做成世界500强企业，似乎企业国际化已经到了水到渠成的地步。这些企业家尽管理想很丰富，但是现实很骨感，很多企业家因此而走上不归路。

在国际化的征途中，不仅需要国际化的管理，还需要国际化的人才，更需要国际化的视野……很多中国企业家往往一时兴起，结果栽倒在国际化的路上，上演了一曲可悲可泣的国际化悲歌。

在陶华碧看来，老干妈成为世界500强，甚至是成为中国的“比尔·盖茨”，似乎过于遥远。因为陶华碧坚信，“有多大的本事，就做多大的事”，正是这样的思维，才把老干妈做成辣椒酱行业的隐形冠军。

回顾当初，在发现其他销售凉粉的摊主生意火爆的原因竟然是自己的辣椒酱后，陶华碧改变了以前的销售策略，第二天开始独卖辣椒酱了。

陶华碧这一举措的确是击中要害，结果导致那些购买不到麻辣酱的摊主不得不上门求她，直言不讳地说："你既然能做出这么好的麻辣酱，还卖什么凉粉？痛快地开家麻辣酱工厂算了！"

求购辣椒酱的摊主一席话触动了陶华碧："是呀，有这么多人爱吃我做的麻辣酱，我还卖什么凉粉？干脆开家辣椒酱工厂。"

在需求很大的机遇下，陶华碧舍弃了苦心经营多年的"实惠餐厅"。经过一段时间的充分准备，1996年7月陶华碧租借了贵阳市南明区云关村委会的两间屋子，招聘了40名工人，创建了一家食品加工厂，专门生产麻辣酱，并把产品起名为"老干妈麻辣酱"。

在其后的发展，陶华碧始终坚持稳健的发展策略，避免了触礁倾覆的问题。当然，陶华碧这样做是基于自己的经营思路——"有多少钱就做多少事"。当我们查阅资料后发现，陶华碧在企业经营中，坚持给自己筑起一道拒绝盲目冒进的防火墙。

正是这样一道防火墙，让老干妈这个企业取得了不错的业绩。2013年，老干妈的创始人陶华碧现身贵州"两会"现场，引起众人热烈追捧。陶华碧表示2012年老干妈产值33.7亿元、纳税4.3亿元，而2004年产值只有8亿元，也就是说在8年的时间里，企业的产值翻了两番。

这样的业绩不仅赢得了中国企业家们的认可，也为贵州开创了一个商业传奇，甚至很多读者不知的是，区区几元的辣酱竟然与贵州茅台齐名。可能读者更不知的是，老干妈的创始人陶华碧竟然是一个没背景、没资金、没文化的普通女人。多年来，陶华碧把一家路边小吃店变成了如今贵州省的龙头企业。

这一切得益于陶华碧坚持"有多少钱就做多少事"的经营手段，如同陶华碧自己所言："我们有多大的本事，就做多大的事，实实在在来做，这样子比较长长久久。"

2. 不欠别人一分钱，这样才能更持久

很多企业家论坛上，一些所谓的专家鼓吹通过资本运作和高负债来

做大企业的规模。在陶华碧“我从不欠别人一分钱，别人也不能欠我一分钱”的观点被媒体披露后，学者余胜良就在证券时报网上撰文称：“不借贷当然没压力，但这并不值得学习和倡导。经济运行的核心是金融业，金融业起到资源配置作用，将社会闲余资金积累起来，投向能赚钱的行业。借贷可以集中力量办大事，也可以让资金更有效率。”

在余胜良看来，每一个企业都尽可能地借助银行贷款来集中力量办大事，但是这并不是放之四海而皆准。作为老干妈的创始人，陶华碧在创业过程中，自然深知贷款的积极作用和负面影响。

凤凰网资讯为了解开陶华碧为什么不贷款的谜底，采访了陶华碧。

您经营企业还有一个原则，不贷款。这是为什么?

陶华碧是这样回答的：“我没有跟国家贷过款，贴息贷款我都不要。去贷款，都没压力，就没动力。自己去做，你晓得压力压在自己肩膀上，晓得去努力去奋斗。”

据陶华碧介绍，“政府很早以前就提出要扶持，我不要，我有多大本事就做多大的事，踏踏实实做，不欠别人一分钱，这样才能持久。”

陶华碧坚持不贷款的理由是，“我不欠政府一分钱，不欠员工一分钱，拖欠一分钱我都睡不着觉。和代理商、供货商之间也互不欠账，我不欠你的，你也别欠我的，我用我的质量保证我的市场。有很多供应商都是从建厂维持到现在。”

在陶华碧的意识中，尽管不借贷，只能凭借自身的积累，以较慢的速度稳健发展，即使错失一些机会，总比因为银行贷款而倒闭要强得多。关于“浙江多家企业遭银行抽贷破产：2千万高利贷须还6千万”的报道，让陶华碧不得不审视银行贷款的行为。

在该新闻中是这样介绍的，2013年1月29日，时任浙江建德市莲花镇党委书记的仇康君不得不到企业进行调研摸底。在莲花镇，包括银丰塑料、展威窗帘、洪伟纺织、永福家具、盛华皮衣、比而轴承、奔洋纺织等多家企业，已经出现较大的经营问题：有的企业已经破产，有的企业因为企业主还不上债务已经跑路，有的企业依然在垂死挣扎中。

据《每日经济新闻》报道称，化名张平的老板管理建德市一家农业科技型企业，2012年，企业的总资产突破1亿元。尽管规模很大，但是在年关已至的时刻，张平遭遇高利贷公司的债务催讨。

在浙江，遭遇问题的企业老板不止张平一个，杭州环宇工具有限公司是当地一家知名企业。据当时媒体披露的统计数据显示，包括银行贷款和民间借贷，该企业负债已经达到1.6亿元，而总资产只有1亿多元。其后，又有几家规模较大的企业面临倒闭风险……

当企业倒闭的势态蔓延时，银行收贷就成为压垮企业的最后一根稻草。由于银行对该区域的企业产生了信任危机，各家银行出现了不同程度的收贷，不少企业面临资金链问题而出现停产、半停产状况。建德当地一金融机构负责人向《每日经济新闻》记者透露："中江事件出来后，整个金融系统对建德区域内企业贷款审查更为严格。"

不仅如此，多家银行还压缩了对企业的贷款规模。张平坦言："银行只收贷不续贷，十二月份，公司就还了9600万元的贷款，中江事件以来，公司被银行抽走了1.7亿元的贷款。"

尽管距离2012年12月23日银行还款日已过去数日，但此刻的张平依然神经绑紧，究其原因是，一旦当企业还清银行的贷款后，紧接着的银行停贷导致企业现金流短缺。因为中江事件爆发后，一向贷款顺利的银行贷款也因此没有批不下来，只有担保公司愿意放贷。在这样的情况下，张平不得不向担保公司借取高利贷。

总部位于建德的浙江中江控股有限公司及其多家关联企业，因其投资扩张、涉足担保而深陷民间借贷，最终导致其"崩盘"，债务竟然达到60多亿元，仅仅涉及民间借贷的款项就多达16亿元，授信、委托贷款等与银行相关的债务达到50亿元左右。

在银行的贷款中，2013年1月29日，建德市某金融机构介绍，"建行涉及的债权最多"。中江控股事件对建行的影响无疑是巨大的，建德市建行副行长朱洪波回应称，建设银行在中江有30亿元的债权，98%以上有抵押和担保，其中信贷债权有16亿元，朱洪波同时坦承，这次风险会有一些损失，已做计提拨备。

据人民银行建德支行统计数据显示，2012年，建德市银行信贷总额绝对值增量已出现明显的缩减。数据显示，2012年12月，本期各项贷款余额为216.7505亿元，比年初增加额为17.3565亿元；但比年初增加额同比减少7.9778亿元。

在建德市，几乎所有的银行都在不同程度地“收缩”银行贷款。公开数据显示，工商银行比年初增加额同比减少0.5916亿元；农业银行减少1.6498亿元、交通银行减少1.8180亿元，而建设银行减少数据为4.5777亿元，绝对值减少幅度居于其他行业之首。另外，杭州银行减少1.4362亿元；建德农村信用联社减少0.4799亿元。

银行为了防范风险，意在收缩贷款。建德市经济发展局局长王来生认同这样的观点：“部分银行存在风险防范过度的现象，尤其是建行，中江事件对其引发了‘大地震’，就在建德地区，中江事件牵涉到9亿元的银行款项。”当建行在信贷规模等出现收缩后，假设一笔1500万元的贷款到期后，建行只愿意贷款1000万元。

面对这样的问题，王来生理解银行的做法，因为建行建德支行的审批权限已经被上收，另外一些银行，也开始出现不同程度的压贷、抽贷，提前收贷等行为。

当银行收缩信贷，使得张平根本无法从银行获取到贷款，只好向担保公司借取高息的资金，“月息8分，6000万元，一年就要5760万元”，这么高的成本企业根本无法承担，眼下，担保公司已下“通牒”，如果年关不按期还清，就要向法院起诉，查封公司的生产厂房，这对农业型企业而言，即将来临的春季是关键，张平却面临债务压力。

张平的困境只是中国的一个缩影，与之不同的是，陶华碧的经营策略就要稳健得多，始终坚持“我从不欠别人一分钱，别人也不能欠我一分钱”的经营理念。即使在金融危机中，老干妈也能保持充裕的现金流，至少不会为了银行的惜贷、收缩贷款而烦恼。陶华碧“我从不欠别人一分钱，别人也不能欠我一分钱”的现款现货的、现金为王的经营策略，虽然很原始，但是很有效，也很管用。

毋庸置疑，现金是企业的生存之源，并直接影响到企业的生存。根据摩根士丹利此前发布的中国经济报告显示，2015年经济基本面进一步恶化，许多主流经济学家已经调低了对中国经济2015年的预测，这也意味着企业资金链吃紧的状况短时期内将无法得到缓解。对此，业内专家估计，最坏的日子还没有到来，如果企业依然融不到资金，或许还会有更多的企业在财务危机中死去。

第6章

打造民族品牌

时任奥美（Ogilvy & Mather）董事会主席兼首席执行官谢里·拉扎鲁斯（Shelly Lazarus）在接受美国《商业周刊》（Business week）记者采访时称：『中国还没有一个有品牌的企业，海尔、联想都想成为品牌企业，但目前还不是。』

可能读者认为，联想不就是一个品牌企业吗？谢里·拉扎鲁斯认为，联想只是商标名称而非品牌，它正在努力成为品牌。

这样的断言无疑刺激着中国的企业家们，也包括偏安贵阳的陶华碧，尽管老干妈的规模相对较小，但是从创办起，陶华碧就立志打造一个强势的民族品牌。在接受媒体采访时，陶华碧就扬言要『创民族品牌，立千秋大业』。

可能读者会好奇，连海尔这个中国品牌价值高达六百一十二亿元，仍落选《商业周刊》全球品牌百强，陶华碧凭什么有这样的勇气要『创民族品牌，立千秋大业』呢？小小老干妈为什么能够走进千家万户，成为消费者口中念念不忘的金字招牌呢？又是什么力量支撑一个传统产业的企业家热衷于『创民族品牌，立千秋大业』的创建呢？

一　强烈的民族品牌意识

谢里·拉扎鲁斯断言中国企业无品牌，理由是中国一些企业家缺乏长远的品牌战略意识。主要表现在：有的企业没有树立品牌意识，只是一味地追求生产经营的绩效；有的企业虽然有品牌意识，但没有把品牌放在重要位置，没有在思想上和行动上给予足够的重视，往往只是说说而已，没有付诸行动；有的企业缺乏创造品牌的动力，一遇到技术上或资金上的困难就产生为难情绪，甚至自觉或不自觉地放弃对品牌的追求；有的企业目光短浅、急功近利，在与外商的合资合作中轻易地出让自己商标的使用权，以换取眼前的经济利益，而丧失了长远的根本利益。

然而，只认识三个字的陶华碧却不认同这种做法。陶华碧在向国家商标总局申请老干妈注册商标的同时，就在中国香港特别行政区等地区注册老干妈商标。这样一个小小的举动足以说明，陶华碧具有强烈的民族品牌意识。

1. 创民族品牌、立千秋大业

2011年3月以来，号称食品安全的跨国企业亨氏、家乐福、肯德基，终于倒在自己被誉为食品安全的壕沟里，因为这几个跨国公司都与“苏丹红”有染。世界上最大的化妆品公司——宝洁公司因为SK-Ⅱ被告含有腐蚀性成分，让中国消费者对其恐惧万分；强生婴儿油被指含有害成分，使得中国父母不得不与其割席断交……当一大批洋品牌纷纷陷入质量危机而走下神坛时，一石激起千层浪，对那些崇拜洋品牌的中国消费者而言，无异于从头到脚被浇了一盆冰水。

结果留下的不仅是一地鸡毛，甚至是一片哀号般的反思和忏悔。与这些跨国企业形成鲜明对比的是，陶华碧始终把品牌建立在质量的基础之上，一旦没有质量作为支撑，这样的品牌犹如没有地基的空中楼阁，时时刻刻都有倒下的风险。

当我打开老干妈的官方主页时，几瓶辣椒酱矗立在长城和雾霭之间，“创民族品牌，立千秋大业”十个大字若隐若现，再配上黄、红为主的暖色调背景，俨然一家现代化企业跃然眼前。它与当下浮躁的情绪截然不同，因为很少有企业家立志把企业打造成为一个百年品牌，他们不是强调进入世界500强，就是喊着争取在5年内上市。

当我们梳理这些“口号式企业”后发现，这些企业几乎都没能按照它们设定的“大跃进”模式前进，相反，因此倒下的案例屡见不鲜。与之形成鲜明对比的是，老干妈创始人陶华碧——一个没上过一天学，仅会写自己名字的农村妇女，却立志“创民族品牌，立千秋大业”。

如前所述，在创建老干妈这个辣椒酱品牌之前，陶华碧为了养家糊口，不得不在贵阳市南明区龙洞堡街边摆路边摊经营凉粉和冷面。

尽管创业艰难，但是与其他商贩不同，陶华碧经营的凉粉和冷面不仅价格便宜，分量还特别足。当遇上家庭困难的学生，陶华碧甚至不收取凉粉和冷面钱。正是陶华碧的善举，被附近的学生们亲切地称为“老干妈”。

这就是老干妈这个品牌故事的源头。机遇总是在不经意间给予一些人创造历史的机会和舞台。1996年，这个年份对于“老干妈”品牌而言，无疑是最值得纪念的。这一年，在党中央大力发展非公有制经济的精神指导下，中国民营企业如雨后春笋般发展起来，而且得到了蓬勃成长的机会。

巨大商业机会随时都存在，就看你能否抓住。不可否认的是，商业机会对任何一个人而言都是均等的，通常就在每一个人身边。然而，只有拥有商业头脑、对商业机会敏锐的商人，才会及时发现并抓住商业机会。

在很多企业家论坛上，一个浙江商人曾举例说：“商机就像飘在天上的白云，它在每个人的眼前飘过，只有敏锐的慧眼才能注意它，才盯住它。以深刻而敏锐的眼力或洞察力去发现商机，才是企业家精神的本质。”

在这个浙江商人看来，商业嗅觉在很大程度上影响了企业家的成功，为企业家创造巨额财富和创建品牌打下了坚实的基础。当陶华碧看到中国民营企业蓬勃发展的硕果后，毅然决定将“陶氏风味食品厂”正式挂牌为“贵阳南明老干妈风味食品有限责任公司”。

老干妈公司的创建，标志着陶华碧的创业生涯迈进了一个崭新的里程。在之前，陶华碧的风味食品厂仅仅只是一个经营凉粉、凉面的食摊演绎而成的小企业。

1997年8月，陶华碧创建“贵阳南明老干妈风味食品有限责任公司”，凭着优质的产品质量和诚实守信的经营，规模迅速扩大。截至2006年，老干妈公司的销售收入就突破10亿元，上缴税收1.6亿元，“陶华碧老干妈”牌油制辣椒食品被评定为“中国名牌产品”，注册商标也被国家工商总局认定为“中国驰名商标”。

凤凰网资讯的记者在采访陶华碧时，问道：“您有很强的民族品牌意识？”陶华碧的回答没有客套的内容，只说了一句大实话。

陶华碧是这样介绍的：“对，创民族品牌，立千秋大业，我要做千年光彩。做事要看长远，我们要做到祖祖辈辈，目光短浅是走不了多远的。金杯银杯抵不过消费者的口碑，我从来没有打过广告，靠消费者的口碑一个传一个，有华人的地方就有我们的产品。人算不如天算，做事、做人，都要凭自己的良心，我对得起自己的良心。”

2. 品牌建立在诚信和质量之上

在中国当下，制造如同一叶漂浮在大海上的孤舟，尽管占据世界消费产品的大部分市场份额，中国制造却被消费者视为廉价和低质量的产品而广受诟病。在2015年“两会”期间，有两个新闻事件被新闻界广为传扬。（1）“马桶新闻”。日本媒体策划的“马桶新闻”被不明事理的中国记者和拿了巨额广告费的中国媒体广为传颂。在日本购买的马桶居然产自中国的杭州，在日本购买的天价大米居然产自中国的辽宁。（2）老干妈的产品价格在国外比中国要高。根据老干妈辣酱的创始人陶碧华说："我要把老干妈卖到外国去，赚外国人的钱。"

这两个新闻事件让成千上万的中国人听得可谓荡气回肠。在以前，国外的奢侈品价格往往是比在中国要低一些，如今老干妈在国外登上了美国奢侈品折扣网站，被网友戏称为"一秒钟变格格"，甚至有的媒体用了一幅手拿老干妈的美国自由女神画来报道，见图6-1。

图6-1　手拿老干妈的美国自由女神画

其实，老干妈受消费者追捧的现象不胜枚举，在社交网站——脸谱上，来自世界各地的老干妈粉丝交流最多的一个问题就是，上哪儿能购买到老干妈。在社交网站——推特上，也有一大批老干妈的忠实粉丝，不断贴出一些令人喜出望外的搭配。

老干妈的产品不仅在发达国家深受消费者欢迎，甚至在非洲国家，也一样畅销。一位媒体记者在贵阳机场口岸曾经采访过一位首次来中国的非洲客人，该记者问非洲客人初到贵州的印象，这位非洲客人用非常生硬的汉语异常响亮地说出了"老干妈"这三个字。

在中国的知名企业中，知道贵州省贵阳市南明老干妈风味食品有限公司的消费者或许并不多，可是提到知名辣椒酱品牌——“老干妈”，在中国可谓家喻户晓、老少皆知。据媒体的公开报道，低调的老干妈辣椒酱不仅畅销中国的大江南北，在海外市场也深受消费者青睐。

据媒体报道，几年前，有位朋友去一个与中国建交时间不长的国家，在商场里看到唯一的“中国制造”就是“老干妈”，一打听才知道不是从中国直接进口，而是从第三国购买来的。老干妈的受欢迎程度由此可见一斑。

如今的老干妈早已不是偏安贵阳的小企业了，其品牌影响力已经与茅台酒并驾齐驱，甚至成为贵州的一张名片。的确，在贵州为数不多的本土品牌中，老干妈可以称得上是食品行业中的知名品牌。

研究发现，老干妈品牌的创立完全是因贵州当地人的饮食习惯以及陶华碧的聪明刻苦而发展起来的。在其发展过程中，我们没有看到较为突出或者说有特色的品牌营销战略，取而代之的是非常朴素的营销战略，时时以诚实守信为本，处处以诚实守信为先。当然，这种朴素的营销手段在品牌创立初期乃至以后的发展壮大中都是最基本的行为准则，也是品牌战略最为核心的东西。老干妈做到了，而且用尽心思，做得很好。

在媒体的报道中，几乎每一篇报道都涉及陶华碧的诚信战略。在中国古代，就有“信为人之本，人无信不立”。而“信”字的含义，简单地说就是讲信用，不欺诈，诚恳待人，以信用取信于人。

在中国传统的文化中，倡导儒家“五常”——“仁、义、礼、智、信”。在《论语·颜渊》篇中，孔子不仅谈到信的作用，还谈到了“人无信不立”的核心观念。

子贡问政。子曰：“足食，足兵，民信之矣。”子贡曰：“必不得已而去，于斯三者何先？”曰：“去兵。”子贡曰：“必不得已而去，于期二者何先？”曰：“去食。自古皆有死，民无信不立。”

在这个案例中，作为老师的孔子回答了弟子子贡所问的三个问题。孔子都一一回答，不过孔子认为，治理好一个国家，必须具备三个起码的条件：粮食、军备充足、老百姓认为统治者有信用。但是在这三者当中，老百姓认为统治者有信用是最为重要的。也就是说，只有粮食、军备充足，而老百姓认为统治者没有信用，那么这样的国家是不能存在的。

作为国家如此，企业亦然。不管是在创业初期，还是现在，陶华碧都非常清楚，企业的竞争根本，就是信誉的竞争。在打造名牌的过程中，信誉才是老干妈最好的品牌塑造手段。

在老干妈企业中，陶华碧时常告诫员工：“产品一定要足量给顾客，不讲诚信就是自砸招牌。”为了确保老干妈的产品质量，本着对消费者负责任的态度，陶华碧甚至“不近人情”。有一次，陶华碧的妹妹从遵义市湄潭县采购了一车干辣椒送到贵阳，满怀期望地销售给自己的姐姐。然而，经过质量检验，陶华碧妹妹采购的辣椒因为某项指标不符合用料标准，陶华碧便当即要求原车退回。

妹妹非常不理解陶华碧“不近亲情”的做法，赌气将一车辣椒拉回了老家湄潭县。此后，妹妹多年没有跟陶华碧说过话。

事实证明，正是陶华碧坚持诚信，赢得了消费者的信任，因此才打造了老干妈这个强势的品牌。在这样的文化熏陶下，受传统文化影响的陶华碧自然把这“五常”作为做人、经商的训条。因此，老干妈成为中国驰名商标也就不足为奇了。

二　保护商标，保护品牌

在保护品牌和商标的企业家中，陶华碧的做法是值得中国企业家学习和反思的。在老干妈的销售额还不足50亿元时，陶华碧居然每年拿出3000万元来打假。这样的打假力度足以说明陶华碧对老干妈品牌的重视。

1. “创造一个品牌，我觉得你是伟大的”

滴水成河、粒米成箩，随着老干妈品牌影响力的增大，一些企业因此开始与老干妈拉关系，甚至在全国各地开始仿冒老干妈，最为典型的是湖南的刘湘球，抢在陶华碧之前注册了“老干妈”商标。

为了讨回老干妈商标，陶华碧和贵州官员积极主动地与国家工商总局沟通，而当得到的答复是两家都可以用老干妈商标时，陶华碧毅然拒绝了这样的方案。国家工商总局的批复是，湖南叫刘湘球老干妈，贵州叫陶华碧老干妈，两个老干妈品牌共生共存。

面对工商总局这种暧昧和稀泥的态度，陶华碧坚决不同意这个折中的建议：“你把你家儿子分成两半，他一半、你一半，试试？这是我创造的牌子，我要珍惜它，为什么要让你来侵占？我不同意！”

为了讨回老干妈商标，陶华碧拿起法律武器，决心打赢这场官司：“哪怕倾家荡产，也要打到底，我也不会让你得逞，你再有权有势，我们也要讲真理。我砸锅卖铁，都要跟你打下去。”

陶华碧讨不回老干妈商标不罢休的态度足以证明，她对老干妈商标的重视和热爱。在大量的证据和事实面前，陶华碧用反不正当竞争法把官司打到了北京高院，最终陶华碧胜诉，国家工商总局不得不把商标还给陶华碧。

多年之后，当陶华碧谈到这场官司时，是这样向凤凰网阐释她的理念的："大家可以公平竞争，要讲究正义和良心，你要有本事，自己去创造一个品牌，我觉得你是伟大的。但我们有一个品牌，你就仿冒、搭车，甚至去抢注，那不行。我创出来的，就得是我的。我这个人，真金不怕火炼，我不怕。"

在陶华碧看来，品牌、伟大的企业不是假冒、仿制，或者靠巨额广告创造出来的。对此，陶华碧的依据是，"金杯银杯抵不过消费者的口碑，我从来没有打过广告，靠消费者的口碑一个传一个，有华人的地方就有我们的产品。人算不如天算，做事、做人，都要凭自己的良心，我对得起自己的良心。"

在商标的维权上，陶华碧给中国百年企业提供了一个范例。随着中国经济的发展，很多知名品牌开始走出国门，这自然增加了对外贸易活跃程度。由于中国企业经营者以前不重视商标的注册和保护，使很多外国企业有机会抢注中国知名品牌，特别是百年品牌。很多知名品牌因此在国外被抢注，甚至被冒用的现象屡见不鲜，而且还有上升的趋势。

很多国家和地区都是采取注册在先使用原则，即谁在该国或该地区先注册某个商标，谁就拥有该商标的专用权，加上商标保护本身具有地域性特征，像中国百年品牌这样的商标一旦被抢注成功，被抢注商标的企业就不能在该国或者该地区内使用此商标，否则就构成侵权。近几年，中国品牌在境外被抢注的问题非常突出，甚至进入高峰阶段，"抢注清单"显示，中国曾有超过80个商标在印度尼西亚被抢注，近100个商标在日本被抢注，近200个商标在澳大利亚被抢注……

在这些抢注的商标中，中国知名品牌商标，特别是百年老字号品牌商标被多国抢注。如"同仁堂"商标就先后被日本、美国、韩国、荷兰、挪威、瑞典等多个国家的企业抢注；"狗不理"包子，也早在24年前就被日本企业抢注。另外，一个公司抢注多个国内品牌商标的现象也呈现上升趋势。如"龙井茶""碧螺春""大红袍""信阳毛尖"等多个茶叶名称在韩国被同一茶商注册为商标，"红塔山""阿诗玛""云烟""红梅"等香烟商标被菲律宾一商人抢注。

中国知名品牌商标频繁在海外被抢注，说明中国企业品牌、特别是百年老字号品牌的商标价值在提升。但是被抢注后，中国企业在拓展国际化市场上就遭遇到阻碍。2012年，中国商标专利事务所对全球五大洲的11个国家和地区进行了调查，结果显示，除中国香港外，其他国家和地区都在抢注“少林”或“少林寺”商标，共发现117项、164个类似商标品牌，平均每个国家和地区有10余项。

中国企业品牌，特别是百年老字号品牌在海外被抢注，说明中国企业商标知识产权保护意识薄弱。具体表现在中国企业家缺乏知识产权保护的战略眼光，同时对商标国际注册认识不足，等等。

可能读者会问，既然商标注册如此重要，为什么中国企业家普遍漠视商标国际注册呢？主要是由于中国企业家普遍存在“商标短视病”问题。表现在：或认为自己的商标知名度还不高，注册为时过早，想等出了名再注册；或认为自己的商品不愁销路，无须注册；或认为办理商标国际注册手续烦琐、费用高，不愿到商品进口国去办理商标注册；等等。在“商标短视病”的作用下，不少企业商标管理薄弱，整天忙于生产，尚未形成一套完整的知识产权保护体系，基本没有自我品牌市场的监测预警系统。

中华商标协会副秘书长汪泽在接受媒体采访时直言不讳地说，随着中国企业产品国际化，中国品牌走出国门也是大势所趋。然而，由于中国企业家只重视市场推广和产品营销，而忽视对自身商标等知识产权的保护，自然不会事先或者及时在相关国家进行商标注册，这无疑给商标抢注留下了祸根。陶华碧誓言保护老干妈的品牌历程，给中国企业品牌，特别是百年企业品牌树立了一个很好的榜样。

2. 用壁垒阻击“老干×”

自从老干妈辣椒酱畅销之后，“老干爹”“老干娘”“老太婆”“干儿子”……各种各样的“老干×”都想沾点老干妈的光，乘机借势老干妈的名气来拓展市场。

如“老干爹”，在很多商超中，老干爹经常与老干妈辣椒酱摆放在一起销售。这导致很多消费者误以为老干爹就是老干妈的系列产品，或者与老干妈“沾亲带故”。虽然这两个品牌同在贵阳这个城市，却毫不相干，甚至“不共戴天”。

老干爹和老干妈这两个品牌存在诸多共通特点：第一，在品牌定位方面，老干爹和老干妈都以辣椒为原料，专业生产调味品。第二，在品牌故事方面，在“互联网+”时代，任何一个好的产品都需要一个好的故事。

陶华碧在丈夫病逝后，不得不肩挑重任艰难养家。在这样的情况下，陶华碧开始摆摊销售米粉，由于价格实惠，分量给得多，而深受食客的欢迎。当遇到没钱吃饭的学生，陶华碧甚至不收钱。在这样的口碑中，陶华碧被学生们亲切地称为“老干妈”。

而老干爹，与老干妈类似的事，其前身是贵阳流花饭店。老干爹总经理邓承俐公开宣称，20世纪80年代初，其中一位老师傅常被消费者称为“老干爹”。

从老干妈和老干爹的故事中不难看出，同样的经营范围，雷同的品牌

图6-2　老干妈、贵州老干爹和四川老干爹瓶贴

故事，似乎出自同一个编剧之手。尽管品牌的名称相差一字，却没有半毛关系，见图6-2。

为了把老干爹区隔开来，陶华碧决定终结难解难分的混战。2002年，当陶华碧赢得“老干妈”的商标诉讼之后，一纸诉状把“老干爹”告上法庭，起诉的理由是，老干爹借助老干妈之名捆绑销售，甚至连系列产品的名称也与老干妈亦步亦趋。

老干妈出示证据称，在中国各地超市中，有意将老干爹产品与老干妈产品摆放在一起捆绑销售，甚至制造“亲戚关系”，目的在于混淆品牌，误导消费者。此后，双方战火不断，两个品牌就因为商标的争夺大打出手，官司纠纷不断。

在这场纷争中，尽管老干爹也理直气壮，但是陶华碧已经把老干妈的生意做到销售额突破40亿元，老干爹不仅鲜为人知，还背负“山寨品”的骂名。这究竟是为什么呢？究其原因是，在任何一个行业，第一品牌都是“先入为主”的。由于老干妈品牌在前，老干爹在后。因此，老干爹才被认定为有侵权之嫌，所以被认为采用沾亲带故的销售手法也是情理之中的事情。

在老干妈辣椒酱形成相对强势影响力之后，不管是“老干爹”“老干娘”还是“干儿子”要想超越老干妈，必须在产品质量上超过它，否则消费者都只会接受老干妈的品牌形象，并以此为标准。而后来者即使付出几倍甚至几十倍的代价，也难撼动老干妈的强势地位。

可见，要想撼动老干妈的地位很难，因为老干妈的“另类”成功方法是“老干爹”等企业所望尘莫及的。尽管陶华碧来自贵州的一个小县城，但是陶华碧注重大众口味的普适性，在用料、配料、工艺拿捏等方面非常讲究。这些绝技都是其他企业无法超越的。

再加上陶华碧从不偷工减料，以次充好。用陶华碧的话来说就是，“上对得起祖宗，下对得起百姓，还要对得起党和政府。实实在在、诚诚恳恳地做，讲质量，还要讲产量”。

三 小小老干妈，大大地打假

在中国企业家中，高调打假的陶华碧算得上是一个领军人物，而且一点都不含糊。随着老干妈的不断发展和壮大，品牌因为极致的体验广为人知之后，打假就成为陶华碧的一件重要事情。因为中国各地陆续出现50多种“老干妈”，在这样的背景下，陶华碧不得不耗费巨大的精力和资金打假，为此还成立了贵州民营企业第一支打假队，开始在全国打假。值得一提的是，2003年5月，陶华碧的“老干妈”终于获得国家商标局的注册证书，同时湖南“老干妈”之前在国家商标局获得的注册被注销。这为陶华碧打假提供了法律和道义依据，使得打假名正言顺。

1. 创建打假队伍

在创业过程中，陶华碧的品牌意识是极其浓厚的。为了创建“老干妈”这个品牌，她可谓吃了不少苦头。如前所述，1989年，陶华碧在贵阳市南明区龙洞堡贵阳公干院的大门外侧，开了个专卖凉粉和冷面的“实惠餐厅”。

当时餐馆的“老主顾”韩先生对这个餐馆的记忆依旧清晰，他说：“说是个餐馆，其实就是她用捡来的半截砖和油毛毡、石棉瓦搭起的‘路边摊’而已，餐厅的背墙就是公干院的围墙。”

从那以后，陶华碧被人亲切地称为“老干妈”，看到陶华碧本人就好像看到了老干妈辣椒酱一样。

在老干妈初创时期，为了阻击仿冒，李贵山向国家工商总局商标局申请注册商标，却被国家工商总局商标局以“‘干妈’是常用称呼，不适合作为商标”的理由驳回。正是国家工商总局商标局的否决，给那些仿冒者提供了仿冒的机会。

老干妈热销之后，中国各地陆续出现50多种“老干妈”。面临大批仿冒的问题，陶华碧不得不开始花大力气打假。为了有效地打假，陶华碧派人到各地卧底调查，为此还拨款数百万元成立贵州民营企业第一支打假队伍，开始在全中国的打假之旅。

尽管打假有了一定的成效，但是仿冒的老干妈就像春夏的韭菜一样，割了一茬又长出一茬，特别是湖南刘湘球“老干妈”，其商标和贵州陶华碧“老干妈”几乎一模一样。

为了打击仿冒之风，陶华碧决定拿湖南刘湘球老干妈开刀。陶华碧因此与湖南老干妈较量了几年，从北京市二中院一直打到北京市高院，还数次斗法于国家商标局。2000年8月10日，一审法院认定，贵阳老干妈公司生产的老干妈风味豆豉具有一定的历史，湖南老干妈构成不正当竞争，判决其停止使用并销毁在未获得外观设计专利权前与贵阳老干妈公司相近似的包装瓶瓶贴，并赔偿经济损失15万元。

一审法院这样的判决，意味着贵州老干妈和湖南老干妈两个老干妈都可以使用老干妈的商标。这对于对老干妈品牌呵护备至的陶华碧来说是无法接受的。尽管维权艰难，但陶华碧果敢地决定，提起上诉。

在这期间，很多人都劝陶华碧放弃上诉，理由是，上诉会耗费巨额资金和时间。陶华碧面对前来劝解的人就一句话：“我才是货真价实的‘老干妈’，他们是崴货（贵州话，假货），难道我还要怕崴货吗？”

陶华碧倔强的做法赢得了两位黔籍官员（时任贵阳市市长孙国强和当时的中国“入世”首席谈判代表龙永图）的认可，在他们极力的斡旋下，贵阳老干妈终于打败了湖南的老干妈。2003年5月，陶华碧的老干妈终于获得国家商标局的注册证书，同时，湖南老干妈之前在国家商标局获得的注册被注销。与湖南老干妈打了3年的官司后，陶华碧旗开得胜。此案成为“2003年中国十大典型维权案例”。

从维权之路可以看出，陶华碧非常重视老干妈这个品牌，就像陶华碧乐于别人称呼她“老干妈”一样，每当听到别人叫她“老干妈”，陶华碧就感到别人在认可她，她看到了自己的成绩，有满足感。

2. 举报和严打双管齐下

2013年，老干妈再次实施打假行动，仅仅在四川省就有三家公司涉案，它们分别是“川干妈”——生产企业四川省眉山市宏腾佳味食品有限公司、“四川干妈”——生产企业川外川食品有限公司、“家香干妈”——生产企业好家香食品有限公司。

由于这三家公司的产品在构成要素、排列、整体外观等方面与贵州老干妈商标无显著差别，而且瓶贴上所用商标与老干妈生产的风味豆豉辣椒瓶贴商标极度相似，非常容易使消费者混淆，贵州老干妈因此举报涉嫌商标侵权。除了上述三家企业外，还有四川省川南干妈食品有限公司也傍上贵州老干妈，见图6-3。

图6-3 老干妈和川南干妈瓶贴

2013年9月初，贵阳市南明区工商局接到贵州老干妈的举报称，位于四川省眉山市的3家生产豆豉辣椒的企业，瓶贴上所用商标与贵州老干妈生产的风味豆豉辣椒瓶贴商标几乎相同。在接到举报之后，贵阳市南明区工商局对此高度重视，立即组织执法人员对四川省眉山市宏腾佳味食品有限公司、川外川食品有限公司、好家香食品有限公司三家公司的产品瓶贴商标进行认真比对与分析，掌握充分的证据之后，最终确认了其侵权行为。

2013年9月9日上午，在贵阳市南明区政府的统一部署下，南明区工商局党组指派经检大队一行4人组成专案组飞赴四川省眉山市打假维权。当日下午，南明区工商局执法人员赶到了好家香食品有限公司生产现场，在眉山市当地工商部门的积极配合下，工商局执法人员当场收缴“家香干妈”标识17500张、成品72件（每件24瓶），其中部分产品刚生产出来正在进行包装。

2013年9月10日，执法人员又奔赴四川宏腾佳味有限公司和眉山川外川食品有限公司，在四川宏腾佳味有限公司收缴“川干妈”标识22000张、成品431件（每件24瓶）；在眉山川外川食品有限公司收缴“四川干妈”标识10万张、成品520件（每件24瓶）。

贵州南明区工商局此次打假行动，一共收缴侵犯“老干妈”商标专用权标识137500张、成品1023件，为老干妈挽回直接经济损失上千万元。

在贵州，积极打假的还有贵州茅台酒。2012年11月5日，贵州茅台派出120名营销人员和30名打假人员奔赴全国各地，开始与假酒大决战。贵州茅台此次高调打假，目的是为了打击造假行为，这是茅台较为明智的选择。

在打假路上，贵州茅台的确做了不少工作，在2011年投资1.8亿元建设茅台酒流通追溯体系，以期望提升茅台酒防伪功能。公开数据显示，2011年，贵州茅台配合执法部门查获假茅台酒23.6万瓶，假冒茅台王子、迎宾等系列产品2.46万瓶，各种侵权酒14.9万瓶。

这组数据足以说明，贵州茅台的打假行动是卓有成效的。茅台公司华中片区打假办冉主任表示，这次茅台打假确有其事，假酒已经对贵州茅台造成了极大危害。

其实，由于独特的地理优势，贵州的产品很难被复制。在《日本人为什么偷不走我国的茅台》一文中，香港中文大学教授郎咸平这样写道："为什么失败？因为茅台酒不能离开那个地方，离开了那个地方，微生物就是不一样的。不一样的微生物造出来的酒就是不一样的酒。最后周恩来总理特批的酒叫什么酒？叫珍酒，这个酒也不错，但它不是茅台。"

在郎咸平看来，贵州茅台的生产离不开贵州，因此，郎咸平得出结论：所有酒厂的研发都必须围绕着历史所赋予你的这些微生物进行。如果历史给你的微生物是这些，你就只能在这些微生物的身上做研发，你不能离开这个工厂，也不能离开这些微生物，因为这些微生物是老祖宗留给我们的。所有酒厂的研发都必须在历史和地理的基础之上进行才有价值。由此可见，如果贵州老干妈和贵州茅台等企业不积极打假，就会使本行业受损害，同时伤害自己好不容易建立起来的品牌信誉。

第7章 专注与极致

回顾老干妈的发展历程，作为创始人的陶华碧不仅经历了那个机遇多如牛毛的年代，经历过传统企业纷纷涉足房地产的年代，也经历了商标之争的年代……如今的陶华碧同样面临多种抉择，是继续坚持专业化，还是在诱惑中适度地开展多元化？

对此，陶华碧回答：『我只晓得炒辣椒，我只干我会的。』即使有政府官员来劝说，也不能动摇陶华碧对专业化的坚持。

一 稳健发展，绝不冒进

在研究中外百年家族企业中我们发现，这些家族企业之所以能够活到百年，是因为这些企业经营者始终坚持“稳健发展，绝不冒进”的经营策略。作为传统企业的老干妈，其创始人同样有着这样的情怀，在“不贷款、不融资、不上市”的“三不”政策中稳健发展，绝不冒进，这样的经营策略让那些整天都在叫嚣融资难和好大喜功的企业家自惭形秽。

1. 传统老干妈改变了互联网创客

“互联网+”时代，一切都互联网化，却出现一个较为极端的问题，很多互联网创业者不知道什么是传统行业。车库咖啡创始人、中关村创新文化发展促进会秘书长苏菂说：“总说科技改变传统行业，可是大部分创业者连传统行业是什么样都不知道。”

从2015年起，苏菂就想带着中关村的创业者实地考察一下真正的传统行业，让互联网创业者创造更多思想碰撞的机会，以便更好地接地气。

2015年，苏菂把首站定在了贵阳。为了真正了解贵阳，贵阳新三线咖啡吧创始人刘丁对参加者做了一个问卷调查：你们印象中的贵阳是什么样的？回收的问卷答案只有三个：老干妈、穷、远。

在这样的背景下，2015年1月25日，“创业文化中国行贵阳站”在贵阳新三线咖啡吧正式启动，从北京中关村来的20多家初创企业创始人走访了贵阳南明老干妈风味食品有限责任公司、贵州航宇科技有限公司等数家企业。

在贵阳考察期间，像老干妈这样的传统企业让中关村的创业者大开眼界，神州头马文化传播有限公司的肖俊丽说："我们天天看着小米这样的公司，觉得自己懂很多，以为互联网就是全世界，走访了这些传统行业之后，才知道原来那只是冰山一角。"

在中关村的创业者考察完人气最高的老干妈后，他们竟然对老干妈这个神奇的企业第一次有了具象的感知：一年销售数十亿元，每天有220万瓶老干妈从这里走向世界，油辣料市场占有率65%，更令他们感慨的是创始人陶碧华至今仍保持踏实、实干的作风。当然，他们也明白了陶华碧坚持"不贷款、不融资、不上市"稳健发展，绝不冒进的真正原因。

其实，很多互联网创客不了解传统行业，更不了解"互联网+"时代的客户需求。在"互联网+"时代，作为传统企业经营者，需要转变的互联网思维是，有效地建立"以用户为中心"的社群化的产品创新和营销体系来挖掘消费者的购买需求。当然，传统企业经营者这样做并不意味着全盘否定传统营销体系的作用和功效，只不过是一个有效的补充而已。

雷军多次在公开场合澄清，小米是一家手机制造企业，其实也是一家传统企业，只不过利用互联网思维在产品设计和营销方面进行探索和创新。如小米在推出MIUI系统时，特此开辟一个运营用户社区中心，根据用户反馈的信息不断地改善产品的体验。最终在小米粉丝的支撑平台上快速地推出低价格的小米手机，再持续跟进。

众所周知，让品牌一夜爆红的手段还有很多，但是不能保证品牌拥有长久的生命力。许多传统企业经营者希望利用互联网思维通过一个引爆点快速提升其品牌的知名度。这种做法不仅曲解了互联网思维，也忽视了企业品牌的打造需要一个循序渐进的过程。绝对没有捷径，即使抱着侥幸心理也无法达到。

品牌内涵从被消费者认知到了解，需要一个过程，不管是在线上还是线下的推广，只有不断积累和建设传统企业的品牌资产，才能提升品牌的真正价值。

而老干妈创始人陶华碧始终坚持把产品做到极致，始终保持产品质量的稳定，与当今"互联网+"时代的用户需求高度切合，有异曲同工之处，这种做法不得不让前去考察的互联网创客们折服。

2. 四次扩张稳健发展，绝不贪多求快

改革开放的30多年，是新中国企业史上最具激情四射的岁月。对于诸多创业者而言，每一个行业都充满了无数、潜力巨大的商业机会，几乎参与的人都变得迫不及待，在这些创业者的意识中，除了扩张、再扩张以外，依然还是扩张。似乎这些创业者们永远没有学会控制自己的欲望和本能。然而，日后的诸多事实都将证明，在一拨又一拨的多元化浪潮中，那些失去理智和控制力的企业家都将为自己的鲁莽行为付出代价，也将为自己的多元化决策最终独吞苦果。

2006年4月，重庆黑格集团前董事长赵玖学被公安机关刑事拘留的新闻流传在西南，这样的新闻引起了陶华碧的关注。在此刻，经过多年发展的老干妈，同样面临一个路径选择和规模扩大的问题。当重庆黑格集团前董事长赵玖学在规模扩张受挫后，陶华碧更加坚信“不要去贪大，要先把自己做强”的经营思路。在这里，我们来介绍一下重庆黑格集团前董事长赵玖学的冒进。

2006年4月，重庆黑格集团董事长赵玖学被重庆市公安机关刑拘。2006年，黑格集团因涉嫌非法集资，土崩瓦解。

“投1万元进去，每个月就有98元的利息，一年就有1000多元！”当年，“黑格金界”承诺高额返租的广告，很多重庆市民对此记忆犹新。尽管过去6年，至今也有许多人仍然不明白，一个如日中天、日渐强大的黑格集团，为什么在一夜之间瞬间倒下，而作为时任连续两届当选重庆市政协委员、重庆市工商联总商会副会长的赵玖学这颗希望之星为什么沦落到今天这步田地。黑格集团到底是怎么了？

跟众多的家族企业一样，黑格集团同样死亡于家族企业创始人的武断冒进。在大江广场一期工程完成之后，赵玖学一发不可收拾，在外到处投资。这样的观点得到了当时一位政府官员的证实：“如果赵玖学不是到处上项目，四处投资，而是投资一个项目就把它做好，黑格集团就会发展得

很健康。”

从这位官员的话中不难得知，黑格集团在通向倒闭的道路上，赵玖学也染上了家族企业的通病。在黑格集团取得一系列的成功之后，赵玖学头脑开始发热，利用头上笼罩了众多的荣誉光环而开始盲目冒进，这就为黑格集团的倒闭埋下了伏笔。

根据公开的报道得知，在2002年，黑格集团向外宣传说，黑格集团投资1.5亿元开发建筑面积7万平方米的大江广场南城新街项目，该项目集商贸、娱乐、餐饮、高档社区为一体。

大江广场南城新街项目取得成功后，2003年赵玖学挥师万州，拿下地处万州高笋塘商业中心广场的一个地块。而赵玖学强调对外宣称，黑格集团投资4.5亿元将3.5万平方米的万高国际项目打造成万州的城市名片。

出师非常顺利，这就使赵玖学加快了冒进的步伐。2004年，重庆渝中区人防工程招标租赁，赵玖学一举中标，并取得重庆渝中区人防工程20年租赁权。赵玖学对外宣布，黑格集团投资1.2亿元，将总建筑面积2.5万平方米的重庆渝中区人防工程建成艺术商业大街。赵玖学没有满足在重庆圈地的欲望，于是把视野延伸至南京，甚至在南京等地拓展业务，并开发了明月港湾。

对于此刻的赵玖学而言，房地产的扩张运动已不能满足他的欲望。于是赵玖学把目光转移到农业领域。2004年，黑格集团控股重庆远大生态农业有限责任公司（以下简称远大公司），拉开了大规模进军农业领域的序曲。控股远大公司后，黑格集团将依托其在南川建立的美国曼地亚红豆杉种植基地，拟在今后数年内斥资近1亿元建立红豆杉快繁基地和药物生产基地，开发当今世界上方兴未艾的天然抗癌良药——紫杉醇。

然而，在一系列的冒进中，黑格集团毕竟资源有限，不可能支撑起大规模的扩张费用。尽管如此，赵玖学并没有打算停止冒进的做法。

2005年8月，黑格集团又收购了重庆三达德票务有限公司。最终，盲目冒进让赵玖学尝到了苦果。一位不愿意透露姓名的黑格集团中层经理在接受媒体采访时谈道：“黑格集团的衰亡与赵玖学个人有关。主要是在长江商学院深造过，在做出决策时过于自信。”

重庆市总商会一位人士称，“赵玖学实际上玩的是拆东墙补西墙的把戏——首先投资一个项目，在取得预售资格后，就以高额回报为诱饵，吸收公众资金。然后，又拿着这笔钱，到其他地方投资另外一个项目，再去吸纳公众资金。如此周而复始。而这套把戏，实际上是接连几次针对房地产行业的宏观调控，让房地产企业贷款变得日益艰难，赵玖学不得已走的下策。”

拆东墙补西墙为黑格集团埋下了失败的种子。重庆有个房地产企业的负责人称，黑格集团错在盲目冒进，并且旗下所有项目全是需要充足资金流的商业地产项目。

招商不如人意，项目销售周期不畅，导致黑格集团资金不能正常运转，资金链越扯越紧。据称，赵玖学曾经想从银行贷款救急，建设万高国际，却未能成功，最终资金链断裂。

在万高国际，一位谭姓业主在接受媒体采访时宣称，在黑格集团夸大其词宣传攻势中，谭姓业主在2004年4月就斥资20万元购买了一个8平方米的商铺。

2005年7月，谭姓业主与黑格集团签订了五年的返租协议，黑格集团承诺每年给其8%的回报。在这样高额返租的诱惑下，1000多个商户购买了黑格集团打造的万高国际商铺门面，总计金额可能上亿元。

不光如此，黑格集团还将万高国际4～7层的大商场分割成许许多多小商铺，同样以高额返租为诱饵，对外出售开间的收益权。

当然，只要按照合同约定的时间交付使用，业主也就不会大批找黑格集团。在业主购买商铺前，黑格集团就在合同上承诺万高国际将于2005年5月30日竣工的，然而让业主想不明白的是，万高国际为什么迟迟不能投付使用。

于是，有些业主主动去找黑格集团交涉。而黑格集团通常会采取拖延战术。刚开始，黑格集团的高层人士答复业主，万高国际将于2005年7月竣工，后又推说要到2005年9月竣工，最后称，在2005年12月24日一定可以全面投付使用。

然而，遗憾的是，在2005年12月24日，万高国际只有地下一层装修好了，1～3层装修了一半，4～7层根本就没有装修。业主们坐不住了，不停地向黑格集团发难。最终黑格集团因为资金链断裂而崩溃。

在经营中，企业必须遵循产业经济发展的基本规律，哪怕是中国目前最热的房地产业也不例外。在本案例中，赵玖学的失败源于其取得一点成功之后，就开始盲目冒进，这使得黑格集团轰然倒下。其实，重庆黑格集团前董事长赵玖学并非个案，类似的失败案例可以说举不胜举。

不过在规模扩张中，老干妈一向坚持稳健发展，绝不冒进。这主要是，深知创业成功来之不易的陶华碧在选择发展路径时，非常慎重。陶华碧坚信，尽管老干妈发展到了一定的规模，但还是要摈弃急功近利的投资行为。遗憾的是，在中国企业的倒闭潮中，很多企业创始人在取得一点成绩之后就开始“大干起来”，所以失败也是情理之中的事情。

陶华碧的第一次扩大“经营规模”，是用捡来的半截砖和油毛毡石棉瓦，一夜之间搭起了能摆下两张小桌的“实惠餐厅”。

陶华碧的第二次经营扩张，是白天开饭店，晚上在店里用玻璃瓶包装豆豉辣椒，一直忙到早晨4点，“手都装得扯鸡爪疯”。睡两个小时，早上6点又起床开门营业。

第三次经营扩张，是在1996年7月，陶华碧借南明区云关村委会的两间房子，办起了食品加工厂，专门生产辣椒调味品，定名为“老干妈麻辣酱”。

第四次经营扩张，是在2001年，为了进一步扩大规模，陶华碧准备再建一处厂房。陶华碧每一次扩大规模，都较为稳健，没有盲目冒进，在投资新项目时全面考察，尽可能做到稳中求胜。因此，老干妈的规模扩张给企业家们的启示是，企业上新项目容易，但是新项目后“避险”就非常艰难了，特别是很多新项目并非坦途一片，在上新项目决策制定、实施以及上新项目后的管理过程中，稍有不慎，便可能使企业陷入进退两难的泥潭。因此，在扩大规模时，企业家必须高度警惕可能存在的风险，加强防范，有效规避，确保达到扩张的预期目的。

当然，对于家族企业创始人来说，当企业达到一定规模，并不是说一定不能上新项目，只是告诫家族企业创始人在上新项目时更需要理性，切不可贪多求快，盲目扩张，需统筹规划，防患于未然。

3. 按照实际情况，稳步发展

当陶华碧制作的辣椒酱得到消费者的认可后，陶华碧进行了第二次经营扩张。让陶华碧最担心的是，办厂就意味着要扩大规模，虽然办厂之初的产量相对很低，但是当地凉粉摊的需求很有限，消化不了扩大的产能，所以多余的产能就不得不依靠自己去推销。

为了打开市场，陶华碧亲自背着麻辣酱，送到各食品商店和各单元食堂进行试销。让陶华碧欣喜的是，没想到这种试销效果真不错。一周之后，试销的经销商们纷纷打来电话要求添加辣椒酱的数量，有的让陶华碧加倍送货，陶华碧按照经销商的要求，加倍把辣椒酱送到经销商处，结果很快又脱销了……

辣椒酱市场被陶华碧迅速打开了，尽管有一些挫折，但市场总体相对稳定，这让陶华碧吃了一颗定心丹。

1997年6月，经过陶华碧的多番努力，“老干妈麻辣酱”得到贵阳当地市场的检验，稳稳地站住了脚。当“老干妈麻辣酱”供不应求时，摆在陶华碧面前的问题就是扩大规模。但是，从企业内部来说，盲目扩大规模，企业容易陷入追求数量而忽视质量的误区，低水平重复建设，效率低下。而且，基础不稳固的高速度发展是无法持久的，如果企业扩大规模超出了自身的管控能力，肯定会出大娄子。有些企业表面上规模很大，实际资产却很差，面临种种潜在风险。不信，我们来看一个真实的案例。

亚星化学是潍坊亚星化学股份有限公司的简称，曾经具有生产氯化聚乙烯世界第一的规模。然而，规模并没有能够给亚星化学乘数效应。相反，其主营业务连续多年亏损。为了挽救亚星化学的命运，大股东不得不转让手中半数亚星化学的股权以引进新股东。

2012年9月3日，亚星化学宣布：公司将引入新的大股东。亚星集团与山东盐业集团签署《股份转让协议》。大股东亚星集团将其持有上市公司35%股权中的17.5%（5523万股）以每股5.12元，总价款约2.83亿元的价格转让给山东省国资委独资企业山东省盐业集团。转让完成后，亚星集团与山东盐业集团并列成为公司大股东。亚星化学会有这样的结局是其巨大的财务黑洞与亚星集团疯狂的资金占用所致。

根据亚星化学公开的报表显示，在2011年年底，亚星化学流动资产相对流动负债的缺口高达9.4亿元。2012年年中，这一数额上升至11.5亿元。此前，在6月18日，证监会对亚星化学与亚星集团逾13亿元的直接非经营性资金往来以及15亿元的间接性经营往来未入账等行为做出处罚决定。

在显露败象前，亚星化学可是行业内当之无愧的规模霸主。

亚星化学在2001年上市时，就拥有生产氯化聚乙烯（CPE）2.5万吨、聚氯乙烯（PVC）2.5万吨、烧碱5万吨的产能。而在这些产能中，亚星化学生产氯化聚乙烯的规模已经位居亚洲第一、世界第二。

在市场占有率上，拥有中国市场40%以上的占有率，排名第一；而亚星化学拥有国际市场18%以上的占有率，排名第二。

亚星化学上市后，募集资金逾7亿元。这就给亚星化学扩大规模提供了充足的资金。2003年，亚星化学年产5万吨氯化聚乙烯项目竣工后，亚星化学年产氯化聚乙烯的产能突破7万吨。由此，亚星化学登上了世界第一规模的宝座。

从此，在规模扩张的这条路上，亚星化学依然疾驰而行。至2005年，亚星化学年产氯化聚乙烯的产能达到11万吨。到了2008年，亚星化学年产氯化聚乙烯的产能增至17万吨，傲视全球。

尽管规模快速扩张，但没有给亚星化学带来效益的增加，相反，还影响了亚星化学的年利润，甚至利润逐年下滑，当初的盈利预测却全然成了“水中月、镜中花”。

当2003年启动扩大规模，随着氯化聚乙烯产能成为世界第一，亚星化学的净利润达到5270万元。然而，2003年的利润恰恰是亚星化学盈利的顶峰。在此后的2004—2011年的8年间，亚星化学的销售收入由9.9亿元增至21.1亿元。而亚星化学的净利润则从3969万元一路下滑至2009年的亏损1.16亿元；2010年虽盈利1919万元，其中却有1.12亿元的政府补助；2011年，公司再报5433万元亏损。

与之相应，公司CPE毛利率2002年为23.7%，2003年下滑至19.14%，至2010年"沦落"到区区0.53%。而造成CPE毛利率下降的，正是公司无序地扩张。最能说明问题的是：2011年，由于公司老厂区搬迁，产量下降，国内CPE供应降低，其毛利率一下反弹至12.39%。

我不知道，陶华碧有没有看过这则新闻，但是我敢肯定的是，在扩大规模的问题上，陶华碧一定是经过深思熟虑的。在老干妈的发展过程中，陶华碧深知，扩大规模必须按照企业的实际情况，稳步发展，绝不能盲目扩大规模。

在陶华碧看来，一旦盲目扩大规模，必然会犯很多错误，自然就会导致老干妈遭遇重大经营困难，危机重重，这无疑是饮鸩止渴。

在很多论坛上，一些创业者都表示要将创业企业做大做强。似乎只有将规模做大了，才可能做强。其实，这样的观点是有失偏颇的。

在日本，创办于578年，现存世界上最古老的家族企业——金刚组，只不过是一家日本建筑公司，主营寺庙建设，规模不大，却拥有1435年的历史。而粟津温泉饭店同样历经千年，规模只有100套房间，却能容纳450人入住。

从上述日本的两家规模很小的家族企业可以看出，规模不是做大做强的唯一手段。可以说，如果盲目追求规模，不仅不能做大做强，反而会使得企业遭遇经营困难。对此，业内专家表示，规模效益并非是单纯地增加规模就能增加效益。其本质是由规模带来成本的下降，产品竞争力的提升，毛利率的维持或者提升。

就氯化聚乙烯而言，亚星化学虽占据了全球市场主要份额却没有定价权，一是该行业进入门槛不高，二是该产品价格如超出一定水平，就会被别的产品替代。如果产品竞争力不强，却盲目扩张，必然带来行业内企业的非理性拼杀，最终是规模越大受害越深。

其实，像亚星化学这样启动规模扩张引擎的企业不在少数。纵观中国的企业谱就不难发现，许许多多的企业在初创阶段发展都非常迅速，也都非常稳健，但是，发展到了一定规模之后，企业老板常常昏了头。此刻，企业老板的表现如下：不听股东、中层经理等人的谏言，自以为是，好大喜功，盲目冒进……直到最后亲手把自己辛辛苦苦打拼起来的企业给埋掉了。为了不让来之不易的企业垮掉，陶华碧定下规矩，“有多大能力做多少事情”，坚持“不贷款、不融资、不上市”的企业战略。

二 做本行，不跨行

美国股神沃伦·巴菲特在公开场合说过："只有当大潮退去的时候，你才能知道谁在'裸泳'。"我们常把这句话理解为股神以此警示世人在股市投资中不要过于贪婪。这句话同样适用于中国企业家，在前仆后继的创业大潮中，只有一小部分企业活了下来。在活下来的企业中，老干妈就是其中一个。因为陶华碧坚持做本行、不跨行。正如陶华碧所言："我做本行，不跨行，就实实在在把它做好做大、做专做精。这也做那也做，你哪有那么多精力？"这样的话语虽然朴素，但是很实在管用。

1. "不要去贪大，要先把自己做强"

为了让老干妈这个企业稳健地发展下去，陶华碧始终坚持不要去贪大，要先把自己做强。为了揭开老干妈为什么专注的问题，凤凰网资讯采访了陶华碧的小儿子李辉，"也有很多企业做大做强以后，开始走多样化，涉足最赚钱的行业。你们有没有心动过？"

李辉坦言，涉足赚钱的机会是很多的，也包括官员的推介。李辉介绍说："七八年前，就有官员说让我们走多样化，比如可以做些房地产。但是我母亲坚持不做。如果当时做了，今天钱可能不是问题，但辣椒还能不能走到今天就不好说了。我母亲说，不要去贪大，要先把自己做强，吃的东西祖祖辈辈都可以延续下去。"

在陶华碧看来，贪大会影响老干妈的未来，坚持"有多大能力做多大事"，集中精力研发辣椒酱产品，把"吃的东西祖祖辈辈都可以延续下去"。这样的经营风格是打造百年老店的基础。在中华老字号中，经营食品和药品的占了很大比重。

来自北京老字号影响力调查数据显示，在消费者最喜欢的老字号品牌前十名（全聚德、稻香村、东来顺、同仁堂、六必居、吴裕泰、张一元、馄饨侯、王致和、西单商场）中，食品和药品就占了九家，并且排在前九位，见图7-1。

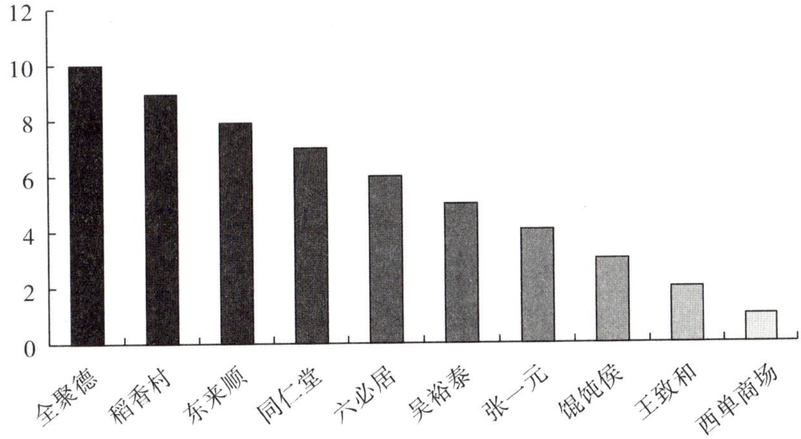

图7-1　消费者最喜欢的前十名北京老字号品牌

在这些老字号中，它们有个典型的特征就是具有较为特色的经营。老字号虽然大多身处商业、餐饮、服务等门槛较低的行业，却能够在激烈的竞争中脱颖而出，关键在于其拥有难以复制的核心竞争力，表现在独特的产品配方、技术、手艺等方面，而且能够在保持传承的前提下，最大限度地防范核心技艺的扩散，这构筑起了其他企业无法超越的竞争壁垒。如北京老字号中，便宜坊的闷炉烤鸭，全聚德的挂炉烤鸭，清华池的修脚技艺，同仁堂的安宫牛黄丸、大活络丸、牛黄清心丸、紫雪，长春堂的避瘟散、无极丹，东来顺的涮羊肉，王致和的臭豆腐、酱豆腐，同和居的宫廷菜肴，仿膳饭庄的御膳，牛栏山的二锅头，吴裕泰的茉莉花茶，鸿宾楼的全羊席，月盛斋的酱制羊肉，天福号的酱肘子，一得阁的墨汁，戴月轩的湖笔，等等，它们传承的特色产品和技艺很多至今仍是竞争的看家法宝。对于新创建的老干妈来说，只有秉承创业初期的这种匠人精神，才能把老干妈打造成为一个名副其实的百年老店，“吃的东西祖祖辈辈都可以延续下去”。

2. “滴水成河，把一个行业做精”

对于任何一个企业家来说，把企业做强做大都是其连做梦都想的事情，但是当真正在实践企业管理时，每个企业家选择的路径就大不相同。在老干妈的发展过程中，陶华碧就选择了“滴水成河，把一个行业做精”的经营策略。陶华碧说：“我做本行，不跨行，就实实在把它做好做大、做专做精。这也做那也做，你哪有那么多精力？我一心投入辣椒行业，越做越大，而且要做好。钱再来得快，也不能贪多。滴水成河，把一个行业做精。我们利很薄，就靠量，薄利多销。靠暴利那是不行的，滴水成河、粒米成箩。”

在做强老干妈的过程中，陶华碧始终清楚在经营中必须坚持有所为和有所不为。像陶华碧这样崇尚实业的企业家在贵州省可不算多，很多企业家都在强调多元化，强调政商关系，强调资本经营。而陶华碧始终坚持“不贷款、不融资、不上市”，似乎与当下浮躁的情绪格格不入。

在一些媒体的报道中显示，贵阳市政府也多次期望老干妈能够融资、多元化，以做大老干妈来增加贵州的影响力。政府的介入必然会给老干妈诸多的政策扶持，如银行贷款、土地优惠等。当地政府特别希望老干妈能涉足贵阳超大盘的楼市建设。在当下，房地产可谓是赚快钱的项目。

面对如此多的诱惑，陶华碧始终没有动摇，而是坚持稳健的企业发展战略，坚持自己的选择——做本行，不跨行。用陶华碧的话说就是“我只晓得炒辣椒，我只干我会的”。陶华碧懂得，只有放弃房地产、新能源项目，才能做专做精，即使是食品行业的果蔬罐头、豆瓣酱品类也没涉足。所以，迄今为止，老干妈的产品只有不到二十个单品，在老干妈风味产品中，只有风味豆豉油制辣椒、红油腐乳、火锅底料、油辣椒、香辣脆油辣椒、香辣酱、辣三丁油辣椒、干煸肉丝油辣椒、精制牛肉末豆豉油辣椒、肉丝豆豉油辣椒、风味鸡油辣椒、风味糟辣椒、风味水豆豉等产品。

“老干妈”的产品，陶华碧都专注在辣椒调味品上，几乎都和风味、豆豉、辣椒、香辣这几个关键词相关，把辣椒调味品这一块做深做透，几乎没有任何一点超格的产品延伸。这与事实上的“品牌经理”陶华碧“不畏艰难执着于想做的事”分不开。

3. “只做一个行业，不跨行，不跨界”

1996年，当“抓大放小”的国家战略被提出来时，一些眼光敏锐的企业家开始把“抓大”与火热蓬勃的民族企业振兴运动结合了起来，即这些企业家在实施抓大战略时，都把目光盯在那个光芒万丈的“500强梦想”上。

“世界500强”是美国财经杂志《财富》发布的一个排行榜，主要以销售额和资本总量为依据，然后对全球的企业进行排名次，一般在每年的10月准时发布。

早在1989年，中国第一个公司出现在“世界500强”排行榜上的是中国银行。在改革开放没多久，当时的企业家没有多少人清楚《财富》这个杂志的评选标准，也没有多少企业家真正在意，因为每年数百亿美元的销售额对这些企业家而言是遥不可及的。

其后的变化让中国企业家开始集体亢奋：第一，1995年，《财富》杂志首次将所有产业领域的公司纳入评选的范围，这样的改变自然吸引中国新兴公司进入“世界500强”；第二，中国国内市场的繁荣及新兴企业的集体胜利。

1995年年底，海尔这艘大船的船长张瑞敏第一次明确提出，海尔要在2006年进入“世界500强”排名。张瑞敏提出这个目标时，海尔的销售额只有“世界500强”入围标准的1／18。随着张瑞敏高调宣示进入世界500强行列，在其后的半年内，至少有近30家企业提出进入“世界500强”俱乐部的准确时间表。

被“世界500强”的梦想吸引的不光是企业家，与这股高昂气势相呼应，中央政府和学术界也形成了一个乐观的共识，那就是“抓大”就应该全力扶持那些从市场中冲杀出来的企业，尽快把它们送进“世界500强”。进入“世界500强”成了一项国家经济目标。张维迎因此曾评论说：“中国是唯一把进入500强作为政府方针的国家。”

在这样一个激情燃烧的岁月里，高歌猛进的集结号吹响了，在进军世界500强的号角里，有的企业因此成为真正的世界500强，有的企业因此而倒下。2005年，经济学家钟朋荣在评论德隆事件时也反思说：“很多企业界骨子里就是要让自己的企业早早地进入世界500强，看来，500强情结已经给许多企业带来了灾难性的后果。”

钟朋荣的判断是正确的，500强情结的确让很多企业倒下，这主要是因为很多企业家为了实现这个目标而迷失自我，最终在世界500强的道路上轰然倒塌。这样的教训给当下企业家的启示是，做企业要有耐心，能坚持，经过时间的发酵，以前看似普通的产品和品牌就有了价值。企业要充分敬畏和尊重市场成长规律，有长期经营心态，一味追求短平快，会让企业栽大跟头。陶华碧始终坚持有多大能力做多大事，坚持不上市，不被资本绑架，反而赢得了市场的尊重。

“有多大本事做多大的事”是陶华碧接受公开采访时多次提及的原则。老干妈至今不曾涉足其他行业。在陶华碧看来，“我做本行，不跨行，就实实在在把它做好做大、做专做精。钱再来得快，也不能贪多。”

陶华碧的做法与上述急于进入世界500强的心态不同，做企业如果抵制不住诱惑，无疑就是自掘坟墓。不信，我们从《近代果报见闻录》一书的一个故事来分析：

江苏省，崇明岛，高石桥，王氏兄弟二人，长兄已忘其名，小弟名曰和尚，父母双亡，长兄已娶妻生子，其时在上海经商。

王和尚自幼好善，心慕修行，自父母亡后，更看破红尘，一心想了生死，坚志修行。但自古修行人多磨难，其嫂住在上房，王和尚住东偏房，自己苦苦用功悟道。

有一夜发大风，挂于檐下的饭篮，被风吹得摇摆，时触上房屋门。天明，其嫂对着王和尚大骂，你这伪君子，还假装修行，却昧着良心，乘夜间终夜打我屋门。非但自己骂，并且约了娘家父兄来责骂。

而对昨夜之事，王和尚确不知情，实因王和尚终夜静坐，全然不知，自经此责骂之后，自己为避免麻烦，即移居至田间父母坟上，搭了一间草屋，日间乞食，夜间静坐修行。

如此苦修二十年，王和尚苦功所感，观音菩萨下凡前来点化。观音菩萨化为一个美貌女子，走至王和尚草屋前，忽然风雨大作，即走进王和尚草屋避雨，在此时正将黑之际，风雨仍然不停，直至深夜依然不停，王和尚遂让该女宿于他的床上，自己则坐在门口打坐，毫无邪念。

天明雨止。王和尚备好洗面水，令该女洗面，该女洗面毕，即致谢而去。王和尚见该女洗面时，将手上金戒子摘下，放于床上，临去时忘记，未曾带去，王和尚一见，想追还女子，忽然一转念，我自己修行是不用钱啦，我侄儿甚穷，莫若给我侄儿作个小本资金吧。

后来该女子又返回来问，王先生，见我金戒子否，王和尚答未见，该女子乃出门而去。方一出门，即飞上天空，叫王和尚听着："苦修苦炼二十年，感动观音下凡尘，美色不贪还贪财，尚须再修二十年。"

王和尚跪地苦苦哀求，但观音已去，哭罢默思，好不容易苦修二十年，现已五十余岁，如何再能受二十年的苦呀，越想越后悔，越想越难过，自己一时想不通，竟在草屋吊颈而死。

这个故事中的王和尚跟中国很多企业经营者有诸多类似的地方，在企业经营中，往往能够力挽狂澜，却抵制不住诱惑，终将付出惨重代价。

陶华碧则只做辣椒酱这一个行业，坚持不跨行，不跨界。陶华碧说："老干妈只做本行，不跨行，就实实在把它做好做大、做专做精。不要想赚便宜钱，好生生去做，自己有多大能力就做多少事情，自己打下一片天，才是真本事。这也做那也做，哪有那么多的精力？"

在陶华碧看来，"一心投入辣椒行业，越做越大，而且要做好。我们利很薄，就靠量，薄利多销。靠暴利那是不行的，滴水成河、粒米成箩。

钱再来得快，也不能贪多。滴水成河，把一个行业做精。不要去贪大，要先把自己做强，做成‘精钢’、‘好钢’，吃的东西祖祖辈辈都可以延续下去”。

由于老干妈是明星企业，地方政府也多次期望它能融资、多元化——必然带着很多的优惠政策，可贵的是，老干妈在如此多的诱惑面前没有动摇，坚持自己的选择。用陶华碧的话说就是“我只晓得炒辣椒，我只干我会的”，所以“老干妈”没有做房地产、没有做新能源，“老干妈”品牌甚至也没有覆盖到果蔬罐头、豆瓣酱品类。这种看似“老土”却抱定单一使命的方式，十几年如一日专注于一个不起眼的辣椒产业，最终打造出了这一个妇孺皆知、有口皆碑的行业强势品牌。

三 做好做大、做专做精

在消费者的意识中，老干妈辣酱不过是普普通通的、日常用来下饭的一种佐料而已。然而，在前不久的网络媒体上，老干妈则被消费者讴歌成为奢侈品。大意是这样的，网友在网上发文称：一瓶在中国销售7.9元的老干妈辣椒酱，在美国亚马逊网站上的售价竟然卖到24元，不仅如此，一家美国奢侈品电商网站更是将老干妈辣椒酱作为尊贵的调味品，限时抢购的售价为每瓶37元。一些自豪的"五毛党"禁不住调侃说，原先默默无闻的老干妈辣椒酱瞬间变成了"高富帅"式的土豪。

这一横空出世的奢侈品席卷网络时闻就被解构了，深处中国内陆的老干妈公司明确表示，老干妈辣椒酱产品在美国、欧洲的销售价格为两三美元，美国奢侈品网站的销售行为纯属个案。

老干妈产品能够成功国际化，不管是个案，还是营销策略，足以让致力国际化的中国企业家们反思。在陶华碧看来，只有做好做大、做专做精才能赢得国际市场的认可。陶华碧在接受媒体采访时说："我教育儿子，就好生生做人，好生生经商。千万千万不要入股、控股、上市、贷款，这四样要保证，保证子子孙孙做下去。"

1. 即使在"互联网+"时代，也需要做专做精

老干妈的营销全靠消费者的口口相传。学者林冈在《被低估的"老干妈"》一文中是这样评价的："这家企业一直没有上市融资，始终奉行'现款现货'，十几年里没有应收账款和应付账款；这家企业也不要政府扶持，在创业最艰难时，陶华碧曾考虑向区政府求助，但当看到区委破烂

的电梯门时，认为政府也很困难，到手的贷款硬是不要了。”

在该文中，林冈还指出，老干妈在诚信上的坚持令人惊叹。这家企业打造出一条坚实的“诚信产业链”——原料商提供辣椒时，要一个个地剪蒂后再分装，保证没有杂质，谁也不敢大意；对企业员工讲究信任和爱护，公司里极少有人愿意离开；对经销商，老干妈都是一手交钱一手交货，“我从不欠别人一分钱，别人也不能欠我一分钱”，在诚实互信的基础上形成稳固的利润共同体。陶华碧的做法给中国企业家的启示是，不管是热衷于炒作概念的20世纪90年代，还是当下的互联网极致时代，陶华碧始终坚持“做好做大、做专做精”的经营理念。

陶华碧经营的老干妈是一个典型的传统产业，从创业开始，到如今成为行业冠军，始终在小小的辣椒产业上挖掘出自己的蓝海市场。曾几何时，这正是浙江省温州等城市典型的创富故事，一粒纽扣、一块布头、一条拉链创出了巨额财富。

在这里，我们先搞清楚什么是温州模式。所谓温州模式又被称作“小狗经济”，贴切形容了温州遍地的小企业，小家庭作坊场景。具体是指浙江省东南部的温州地区以家庭工业和专业化市场的方式发展非农产业，从而形成小商品、大市场的发展格局。小商品是指生产规模、技术含量和运输成本都较低的商品，大市场是指温州人在全国建立的市场网络。不信我们来看一个真实的案例。

在浙江省义乌市，有一家双童吸管公司，尽管规模很小，却是赚小钱的“世界冠军”。该企业老板深谙“微利”之道。

在每一辆运货车上都写了“双童吸管——全球最大的吸管供货商”的广告。由此可见，双童吸管公司生产吸管的规模。

双童吸管公司副总经理张国俊在接受媒体采访时介绍说：“公司5年前从事出口，现在90%以上的吸管外销，一手的产量占了全球吸管需求量的1/4以上，世界各地都在用我们双童的吸管。”

可能创业者没有想到的是，双童吸管公司所生产的产品其实就是在大街小巷随处可见的、喝饮料的一根根塑料吸管。

可能有创业者对此不屑，因为一根细细的吸管压根就没多少钱可赚。尽管利薄，但是数量大也可以赚得盆满钵溢。

张国俊在接受媒体采访时坦言："平均销售价在每支8～8.5厘钱，其中原料成本50%，劳动力成本15%～20%，设备折旧等费用15%多，纯利润约10%。也就是说，一支吸管的利润在8～8.5毫钱之间。"

在张国俊看来，尽管这样的利润小得不能再小，但是双童公司依然能够赚到巨额的利润。因为能有效地控制成本，双童吸管公司在成本竞争中领先了竞争者。

为了能有效地控制成本，双童吸管公司必须做到杜绝一切浪费：夜里的电费成本低，公司就把耗电高的流水线调到夜里生产；吸管制作工艺中需要冷却，生产线上就设计了自来水冷却法……当然，产品的最终质量必须是过硬的。吸管要耐热，所采用的塑料就必须符合安全标准；不同国家的客户对吸管的颜色、形状有不同的需求，有的甚至只需要黑色的吸管，公司就要及时开发。

控制成本是双童吸管公司赚取微利的一个法宝。而张国俊在接受媒体采访时说："这是不得已而为之。不精打细算，我们就保不住微利。"

在很多创业者看来，本案例中的吸管不仅没有什么科技含量，而且利薄。客观地讲，正是因为吸管这样的产品，所以跨国公司不屑于研发和生产，而浙江商人却因为微利反而将吸管做到了最大规模。如今，双童吸管公司每天竟然有两个集装箱约8吨重的吸管产品销售到世界各地。

8吨的吸管竟然有1500多万支。据张国俊测算，这么一根根小小的吸管给公司带来的利润每月是40万元，而且市场非常稳定。因此，有了资本积累的"双童"现在又向生产塑料口杯等不起眼的领域扩展，并且同样很顺利。双童吸管公司的成功，在于"薄利"与"多销"，只要形成良性的互动，双童吸管公司自然赚到巨额的利润。

对此，张国俊认为："商人要赚钱，就要降低生产成本，同时注重薄利多销，从一点一滴中积累财富。"目前，我国很多小企业的利润空间都远远大于8毫钱，然而，由于不懂得控制成本，不懂得薄利多销，而且财务管理上的水平低劣，到最后连8毫钱的利润空间都保证不了，甚至落得以倒闭了之。

我曾经写过多篇文章来阐述温州模式的可行性，然而，很多浙江商人放弃了实业，转而投机做房地产、农产品，甚至有的温州商人不惜借高利贷去炒房，使得以实业为基础的温州模式正在质变。特别是随着温州老板外逃的事件被媒体披露，一些媒体认为，温州老板外逃是因为融不到资金，而去借高利贷，致使无法偿还高利贷所致；一些媒体认为，温州老板外逃主要是他们借高利贷炒房、炒股，由于遭遇国家宏观调控；一些媒体认为，温州老板外逃主要是投资所致。

尽管说法众说纷纭，但是真相只有一个。在中央电视台对话现场，温州打火机行业协会会长、日丰打火机有限公司董事长黄发静却认为，老板外逃并不是因为融不到资金，而是外部环境的变化引发的。他说："温州小微企业面临的困局是浙江乃至全国小微企业的一个缩影。浙江小微企业当前所面临的困难，主要是外部环境发生了重大变化：原材料价格不断升高、人民币汇率变化、劳动力成本提升等，都在一步步挤压企业的利润空间，如打火机行业原来的利润为10%~15%，如今只有3%~5%。但是，面对当前的危机，小微企业没有'怪'任何人，浙江的小微企业也没有传言中的那样惨，因为，浙江企业的创业精神还在。"

我比较赞成黄发静的观点，真正做实业的企业家并不是融不到资金，温州老板外逃是由于一部分企业家自身的原因导致的。20世纪60年代开始到2011年，浙江的重商主义影响着浙商这个商帮，在那个艰难的年代，一些浙江商人通过各种形式来生产产品，从而达到了他们积累第一桶金的目的。可以说，今天的温州，一些商人已经远离了浙商当初的实业精神，从而使得他们的投机心态更加浓厚。在这样的背景下，温州模式被全面抛弃，前几年讴歌的浙江商道，如今已经不再。企业家似乎只有玩地产、玩金融、玩互联网、玩新兴产业才能赚到钱。

大部分微小初创企业所在的行业都是属于门槛低、技术含量不高的传统产业，这些初创企业尽管在"互联网+"时代，但是只要做专做精，它们成功的希望还是很大的。偏安贵州的老干妈无疑提供了鲜活的商学院范例。

2. 把精力专注在辣椒酱一件事上

现代管理学之父彼得·德鲁克（Peter F.Drucker）曾告诫美国企业家说："要想取得成就，必须在使命感的驱使下'从一而终'，把精力专注在一件事上。那些有着很多兴趣，而没有单一使命的人，大多会失败，且对这个世界一点影响力都没有。"

老干妈恰恰就是一家抱定单一使命的企业，十几年如一日地专注于一个不起眼的辣椒产业，用亘古不灭的诚信利器将自己的品牌打磨得光芒四射。陶华碧用老干妈这个商学院案例告诉中国热衷于多元化的企业家"大钱挣不来、小钱不想挣"最要不得，纵有千种理想、万般豪情，如果没有诚信踏实的单一使命，所谓成功都只会是"水中月，镜中花"。

在陶华碧的战略中，采取集中一点的战略，有效地把老干妈做成行业冠军。"小而专、小而精"战略往往是像老干妈这样的中小企业的战略选择。

陶华碧采用这种"小而专、小而精"战略的优势有如下两个：第一，创业初期的老干妈通过扩大生产批量、提高专业化程度和产品质量，提高规模经济效益，增加收益，在市场上站稳脚跟；第二，随着需求多样化和专业化程度的提高，大企业也普遍欢迎这些专业化程度高、产品质量好的小企业为其提供配套产品。小企业因此逐渐走上以小补大、以小搞活、以专补缺、以专配套、以精取胜、以精发展的良性发展道路。如美国国民罐头公司就是采用这种战略获得成功的小企业。该公司在美国罐头制造业大公司纷纷向外行业找出路的经营形势下，反其道而行之，走上专业化经营的道路。他们卖掉一些无关企业，成为一个只生产罐头的公司，专业化的经营使他们的技术得到提高。产品的品种和质量也得到了发展和提高，并获得了空前的成功，10年内其资产由1.8亿美元增长到10亿美元。我国也有不少小企业采用这种战略，如杭州万向节厂就是采用这种经营战略摆脱困境、走向成功的。在这里，我们来看一个330年历史的一个小银行。

在德国法兰克福地区，有一个名叫迈世勒的银行，虽然名头不是十分响亮，却是德国现存的、最古老的一家私人银行，至今已有330年的历史。

这家小银行为什么能够延续至今，其长久不衰的秘诀是什么呢？

研究发现，主要如下几点——

第一，宁缺毋滥。在开展业务时，从不追求大而全。在人员招聘时，非常注重员工的能力与品德兼备，即使一时找不到较好的业务、一时招不到优秀的员工，也宁可不做缺位，也不凑合而降低标准。

第二，宁慢毋急。迈世勒银行之所以能够300多年屹立不倒，“宁慢毋急”是其中的秘诀之一。迈世勒家族现任掌门人弗里德里希·冯·迈世勒在接受媒体采访时坦言：“欲速则不达”的经营理念是迈世勒银行330年不倒的根本原因。在弗里德里希·冯·迈世勒看来，“欲速则不达”的经营其实是在追求稳健第一，速度第二。冒进让路于稳健，速度服从质量。正是因为迈世勒银行历任掌门人抓住了银行就是经营风险这个管理核心，才避免了因盲目扩张而导致的诸多风险，因为风险往往是在激进冒进、盲目扩张网点和业务、超负荷经营时发生。

第三，“不涉足任何自己不熟悉的业务”。“不涉足任何自己不熟悉的业务”是迈世勒银行一直坚持的一个祖训。在开展业务时，迈世勒银行只从事自身最擅长的业务，把自己熟悉的业务领域和优势都充分发挥出来。当然，这也是迈世勒银行不盲目扩张的关键。正是坚持“不涉足任何自己不熟悉的业务”的做法，迈世勒银行至今也不愿意上市。关键在于在330年历史长河中始终保持不眼红于其他行业赚大钱和一夜暴富而跟风介入。

正是因为迈世勒银行坚持上述三个法则，所以经历两次世界大战，在战争和金融危机中，在业务发展遭受重创时，迈世勒银行都能够迅速站立起来，化险为夷。可以肯定地说，迈世勒银行在做专、做精方面给老干妈起了一个好头。对此，陶华碧在谈及老干妈的未来发展时说：“我做本行，不跨行，就实实在在把它做好做大、做专、做精。不要想赚便宜钱，好生生去做，我自己有多大能力就做多少事情，自己打下一片天，才是真本事。这也做那也做，你哪有那么多精力？我一心投入辣椒行业，越做越大，而且要做好。我们利很薄，就靠量，薄利多销。靠暴利那是不行的，滴水成河、粒米成箩。钱来得再快，也不能贪多。滴水成河，把一个行业做精。不要去贪大，要先把自己做强，做成精钢、好钢，吃的东西祖祖辈辈都可以延续下去。”

第8章 倾心实业

『不上市、不贷款、不融资』的三不政策让陶华碧被媒体聚焦在头条。很多企业到处找贷款，拉融资，想上市，陶华碧却多次拒绝政府的融资建议。

在很多企业家看来，即使没有达到上市条件，造假也要上市，陶华碧有啥底气拒绝热火朝天的资本运作呢？在很多企业家看来，政府投怀送抱的关注是求之不得的事情，陶华碧为什么还要拒绝呢？

因为陶华碧始终倾心干于实业。正是陶华碧热衷实业，正是坚持『不贷款、不融资、不上市』的三不政策，老干妈的年销售额才会突破四十亿元。

与目前一些企业着急排队上市的发展路径相比，『老干妈』的确是一个特别的存在。就像『老干妈』创始人陶华碧所说，『我只晓得炒辣椒，我只干我会的』。

一　拒绝上市，政府找也不行

与很多企业家急于上市的做法不同，陶华碧没有上市的打算。在接受媒体采访时，陶华碧说出不上市的理由："我教育儿子，就好生生做人，好生生经商。千万千万不要入股、控股、上市、贷款，这四样要保证，保证子子孙孙做下去。所以一有政府人员跟我谈上市，我跟他说，谈都不要谈！免谈！你问我要钱，我没得，要命一条。"

在上市这条路上，陶华碧的做法相对比较慎重，因为陶华碧始终坚持"不贷款、不融资、不上市"的"三不"政策。正如陶华碧所言，即使政府官员来谈，也敢于拒绝。

1．"上市谈都不要谈！免谈！"

对于任何一个企业来说，是否上市，通常有内部原因和外部原因两个：（1）内部原因。一般包括股权结构、是否缺乏拓展业务所需要的资金以及社会化等等。（2）外部原因。在中国，一些企业上市的外部原因包括政府某些官员的政绩工程、市场因素等等。

众所周知，在中国的企业界中，华为创始人任正非和老干妈创始人陶华碧在2014年以来被实业界推崇，因为这两位成功的企业家都提出了不上市的共同理念。尽管他们理念相同，但是不上市的理由刚好相反，陶华碧的理由是，"我坚决不上市，一上市，就可能倾家荡产。上市那是欺骗人家的钱，有钱你就拿，把钱圈了，喊他来入股，到时候把钱吸走了，我来还债，我才不干呢。所以一有政府人员跟我谈上市，我跟他说，谈都不要谈！免谈！你问我要钱，我没得，要命一条。"

媒体大篇幅报道了贵州老干妈辣酱创始人陶华碧坚决不上市，甚至认为是骗人家钱的行为，从而把这位企业家推向了媒体的浪尖。

数据显示，2013年，老干妈实现年销售收入37.2亿元，上缴税收5.1亿元。比业绩更为人热衷讨论的，是其不上市、不贷款、不融资和现款现货的经营原则。

据英国《每日电讯报》报道称，任正非在伦敦的一个新闻发布会上对媒体表示："事实上，公众股东是贪婪的，他们希望尽早榨干公司的每一滴利润。而拥有这家公司的人则不会那么贪婪……我们之所以能超越同业竞争对手，原因之一就是没有上市。"

在任正非看来，股东是贪婪的，他们希望尽早榨干公司的每一滴利润。任正非表示，"因为公司的拥有者并不贪婪，因此华为也能留在所享受的位置。但是我不可能永远活着，也许有一天华为人也会变得贪婪。华为的员工也是公司的所有者，因此他们往往会着眼长远，不会急于套现，这就是华为能够赶超业界同行的原因之一。"

的确，在如今许多企业家都争着上市圈钱的氛围下，陶华碧与华为断然拒绝上市，这种"另类"做法使其能够在金融危机中安然渡过，也让那些财务造假上市、业绩变脸、急着变现的企业家汗颜，因为在如今的商业时代下，能够拒绝浮躁是一种修炼。当俏江南创始人张兰被曝光失去辛苦打拼的事业时，侧面证明了陶华碧"不贷款、不融资、不上市"的朴素管理思想的正确性。

2015年4月20日，外媒爆出一个重磅消息：俏江南创始人张兰的个人资产已遭冻结。这条消息一经曝出，来自世界各地的媒体就此事纷纷向当事人张兰核实。张兰在接受媒体采访时表示，自己并不知道此事。

在俏江南的负面报道中，张兰已不是第一次以"不知道"的回答来回应关于俏江南漫天飞舞的种种传闻。2013年，当俏江南向CVC（CVC CAPITAL PARTNERS）出售股权的消息被爆出时，俏江南传出股权出售的事项是在2013年，当时有媒体报道称，俏江南将出售股权给CVC公司，且谈判进入高级阶段。而在2014年，这则消息终于落定：CVC以3亿美元收购俏江南约83%的股权后，张兰继续留任俏江南，彼时的消息是，张兰仍是公司主席、股东之一。

面对媒体的问询，张兰当即否认，称“半点儿都不属实”。对于引进CVC，俏江南方面屡屡语焉不详，张兰曾公开对媒体表示，传言不属实，也曾回复《证券日报》记者的短信称“不是事实”“都没具体意向，但俏江南品牌我一定会发扬光大，并做成世界级品牌，百年老店，这是我一生的追求与梦想”。

此次再爆出俏江南，爆出创始人张兰资产被冻结事项，而据了解此次资产被冻结和2014年宣布收购俏江南的CVC有关。在这里，我们先来看一下俏江南的引资史，见图8-1。

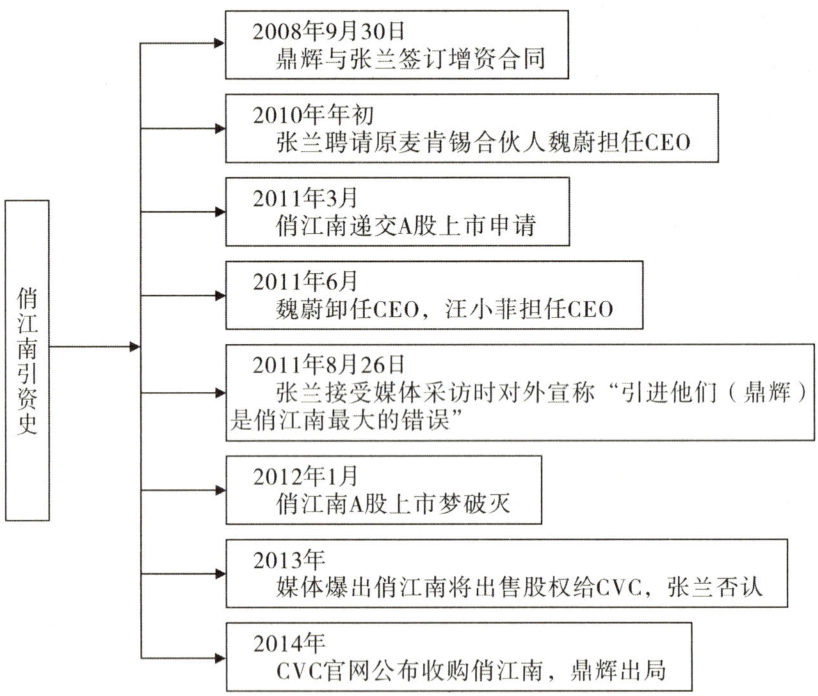

图8-1　俏江南的引资史

这轮战火的导火线是，中国香港法院要求冻结俏江南集团创始人张兰的资产，理由是私募大佬CVC称，2013年支付给俏江南入股用的大笔资金去向不明。

2008年，俏江南曾引入鼎晖，后者以2亿元的价格获得俏江南10.53%的股权。此后，俏江南在A股递交了IPO申请。由于中国证券监督管理委员会就餐饮行业相关审核政策尚不明朗，且递交材料超过有效期，俏江南A股IPO谋求失败。之后，公司将上市的目标转向了港交所，但进展仍不顺利。

2014年4月，CVC宣布出资3亿美元（约合人民币18.2亿元）获得张兰旗下的俏江南（South Beauty）餐饮连锁企业83%的股份。近期，中国香港法院要求冻结俏江南集团创始人张兰的资产，理由是私募大佬CVC称，2013年支付给俏江南入股用的大笔资金去向不明。“这次CVC先发制人，主要是为了防止张兰私自转让公司资产，以保证最后清算时资金的安全性。”

不管此次披露的事件真假与否，后果都非常严重，CVC觊觎俏江南董事长的时间已经很久，无疑，张兰的董事长地位不稳了。究其原因是，多次冲击上市未果，到如今两次与投资人闹翻，张兰带领的俏江南可谓诸事不顺。再加之摊上了与拥有丰富投资经验的国际私募巨头CVC的官司，“张兰获胜的可能性真的不太大。”高端餐饮光环早已不再，而俏江南内部纠纷又不断，由此而来，张兰目前的董事长地位也将岌岌可危。

2. 钱太多了不一定是好事，人有钱才会犯错

在中国企业界，马云6分钟融资4000万美元的故事被成千上万的创业者视为圭臬。在美国的硅谷，流传着一个著名的“餐巾纸”融资模式。一般，只要创业者在咖啡馆的餐巾纸上写下自己的创业想法和商业模式，往往就可以拿到一笔不小的风险投资。这样的经历马云同样有过，在阿里巴巴第二笔风险投资的过程中，马云的融资过程依然被渲染为一个“神话”。这个“神话”是，马云竟然用6分钟就赢得了孙正义4000万美元的风险投资。当马云用6分钟赢得全世界最成功的互联网投资人4000万美元的投资时，马云和阿里巴巴对此还犹豫不决，最终只融资了2000万

美元。

在马云看来，钱太多了不一定是好事，人有钱才会犯错。马云说：“投资者老是希望投更多的钱，我们现在每月都以一种双位数的规模在成长，无论是销售额还是利润，我们不需要钱，钱太多了不一定是好事，人有钱才会犯错啊！”

在转型期“物欲横流的中国”，马云并非是唯一一个被投资机构追着投资的企业家。在贵州省会贵阳创业起家的企业家陶华碧也面临同样的问题。尽管陶华碧没有像马云那样高调地频频出现在公众的视野中，但是陶华碧有着自己的经营方略。不过，陶华碧的做法比马云更为稳健，陶华碧坚持“不贷款、不融资、不上市”的“三不”政策。

可以肯定地说，这“三不”政策已经成为老干妈给消费者的实业标签，也让一众机构垂涎三尺，但只能望而却步。在陶华碧看来，在做强老干妈的过程中，融资始终都是一个绕不过去的问题。融资犹如罂粟一样，一旦染上，就可能坠入万劫不复的境地。尽管在扩大规模过程中极度缺乏资金的情况下，即使有机构或者银行也愿意给老干妈注入资金，但是陶华碧坚持“不贷款、不融资、不上市”的“三不”政策，做到了“有多大能力做多少事”的稳健策略。

在陶华碧看来，投资机构并非活雷锋，其目的就是投资利益最大化，即使在急需资金时，也必须冷静对待，一旦接受融资，就意味着在资本层面稀释掉自己对老干妈的控制权，尤其是在创业成败的关键期。

经常关注新闻的陶华碧深知失去控制权意味着什么。在这里，我们来回顾一下国内的一些真实案例：2001年6月初，新浪网创始人王志东辞去公司首席执行官（CEO）、总裁、董事等职位，王志东的离开在业界引起了关注。

在王志东离开新浪网之前，中国已经有一些公司在融到创业投资后，创始人因为遭遇种种问题先后离开自己辛苦创建的企业，如瀛海威的张树新、中公网的谢文、Chinaren的陈一舟、8848的王峻涛、美商网的童家威等等。

不仅如此，也有一些创业企业在融到创业投资后，在创业投资者的操盘下，积极引入职业经理，创始人从公司的“一把手”位置后撤，如一些技术出身的创始人转向主要负责技术开发，而不负责公司的总体发展和日常管理等。

从这些失去控制权的创业者的处境来看，陶华碧的“不贷款、不融资、不上市”的“三不”政策更具建设性。因此，作为企业家，当面对外界资金注入时，必须要克制金钱的诱惑，真正做到“有多大能力做多少事”。这是陶华碧给中国企业家提供的一个成功范例。

3. 多次拒绝地方政府的上市提议

作为拟上市企业在开启IPO之旅时，不妨对着“老干妈不上市”这面三棱镜进行自省：如果的确是为了圈钱而铤而走险、造假上市，那么应该趁早悬崖勒马，将精力集中到企业经营上，先把企业做大做强，等到符合上市条件再说。

在企业的上市动机中，一些地方政府起到了推波助澜的作用，甚至一些研究者都疑惑地问，“地方政府推动企业上市的出发点——究竟是从政绩需要出发，还是从企业实际发展需要出发？”

这样的疑惑很正常。很多地方政府把推动企业上市作为一项非常重要的工作来抓，各级地方官员也因此乐此不疲。有一些地方政府从短期政绩出发，将一批根本不具备上市条件或者说暂时还不够条件的企业强行推动上市，这样的问题企业登陆证券市场，自然会给投资者甚至整个社会带来无穷危害。

由于陶华碧坚持老干妈不上市，加上老干妈拥有强大的现金流，这块巨大的蛋糕让很多投资机构垂涎三尺。为了能够说服陶华碧开展资本运作，北京某投资机构还动用了政府官员的力量，结果屡屡碰壁。

陶华碧坚决不上市的态度也让贵阳当地政府多次吃了闭门羹。一旦提及上市，陶华碧就会拒绝贵阳地方政府的上市提议。

贵阳市政府的官员曾接受采访时说：“和她谈融资的事情比引进外资

还要难，她心里拿不准的事谁也说不动。”曾负责广东省、海南省老干妈总代理的花铁贸易公司副总经理林先生也说，“‘老干妈’这个人，非常相信自己的直觉。”

正是因为陶华碧坚持“不贷款、不融资、不上市”的“三不”政策，使得很多有意对老干妈投资的机构铩羽而归。这就是北京某投资机构的人士为什么说走政府渠道也没用的直接证据，“很早之前就有机构在关注了，但是他们（老干妈）一直闭门不见，走政府渠道也没用。”

陶华碧坚持老干妈不上市确实是说到做到，老干妈发展和壮大十多年，硬是坚持“不贷款、不融资、不上市”的“三不”政策，连仅有的一次银行贷款，也是熬不过政府官员的人情“帮衬”而已。

在如今“资本为王”的大环境里，陶华碧的做法同样值得研究和借鉴。多年来，只有两家投资机构有幸迈进老干妈公司的大门：一家北京的，一家香港的，分别是2011年和2012年来的。

当初负责接待这两家机构的老干妈内部人士回忆称，当时压根就没考虑要进一步接触，甚至已经记不清楚这两家机构的名称，当初给的名片早已丢弃在某个角落里。

当初负责接待者说：“当时他们已经到贵阳了，找到政府，政府的人把他们带到公司。我们直接拒绝了，没有这个意向和需求，与他们也没有什么可谈的，顶多给他们介绍了一下我们公司的发展。”

当初负责接待者介绍，还有一些投资机构通过贵阳市政府转达投资的意愿，因为老干妈没有上市和融资需求，就直接拒绝了。

这样的观点得到了北京某投资机构人士的认可，想投资给老干妈的绝对不只几家机构，“听说很多机构都找过贵阳市政府，只是老干妈不见”。

客观地讲，贵阳市政府之所以愿意让老干妈上市，还是源于地方政府的政绩动机。贵阳一金融从业人士在接受媒体采访时坦言：“见不到公司，机构只能找政府，政府当然鼓励企业去上市，毕竟贵州的上市公司少得可怜。但企业的工作做不通，老干妈不要银行贷款，甚至政府的钱也不要，更不用说外面来的投资机构了。”

在该人士看来，当地不少金融机构都想傍上老干妈这棵“大树”，可是陶华碧始终坚持“不贷款、不融资、不上市”的“三不”政策，简直就是无缝的鸡蛋。该人士说：“找政府没用，企业压根不买账。政府也知道他们的脾气，很多意向不用转达，就直接把机构回绝了。”

与大部分公司不同，老干妈从不与当地政府拉关系，有底气便相对强势一些。贵阳当地一政府部门官员感慨地说：“尤其是这几年公司越做越大，即便是政府的人，想见那几位高层也很难。”

陶华碧坚守老干妈不上市，不仅是坚守老干妈稳健发展的具体表现，也是在远离贪婪的资本市场。当我翻阅媒体的多篇报道，不管是陶华碧，还是老干妈的内部人士，都在反复强调“我们不贷款、不融资、不上市”。

在陶华碧看来，老干妈一直坚持现款交易，而且有多少钱就做多少事，从没出现过资金周转困难的情况。“我们没有这个需求，而且只专注做辣椒酱，不搞其他的，所以没有跟那些机构接触的必要嘛。”

二　上市是骗股民的钱

在陶华碧看来，企业上市不过是圈股民的钱，一些投资机构不过是一些秃鹫，上市后把股份卖掉，最终把一地鸡毛留给企业经营者。这足以说明陶华碧非常清醒，没有因为投资机构的忽悠而上当。很多投资机构为此很不高兴，说企业上市有更重要的作用，是规范治理、融资并购，将产业做大做强等，还特地拿美国高科技巨头、中国优秀企业上市来证明，甚至还很难理解陶华碧所说“别人将钱吸走，她来还债”这个说法。这些投资机构只是把好的讲给企业家听，却说PE（股权投资，即“私募股权投资”）来赚钱，最后留下一地鸡毛的目的。其实，PE帮助企业成长壮大也是为了更好地摘果子，并不是活雷锋，全然不提上市圈钱的事实。华为是另一个被拿来抨击资本市场的案例，任正非认为一旦上市股东们就会套现走人，没办法同舟共济。

1. 一上市，就可能倾家荡产

上市与企业家倾家荡产在一夜之间媒体炒得如火如荼，是因为老干妈创始人陶华碧在接受媒体采访时谈到了这个观点。陶华碧说：“我坚决不上市，一上市，就可能倾家荡产。上市那是欺骗人家的钱，有钱你就拿，把钱圈了，喊他来入股，到时候把钱吸走了，我来还债，我才不干呢！”

当然，也有投资机构在鼓吹，美国高科技巨头都是上市公司，中国优秀企业也基本上市。这样的观点是很片面的，规范治理、融资并购、将产业做大做强等并非只有上市一条路可走。在欧美和日本，绝大部分家族企业都不愿意上市，这些企业的活力相当强劲。在企业上市后，后悔的不仅有俞敏洪和马云，更有很多不愿意直面媒体的上市后悔者。

这样就很容易理解陶华碧所说的“别人将钱吸走，我来还债”这个说法。在现实的企业融资中，PE可谓是占了大便宜，最后留下一个烂摊子，让创业者自己去收拾。更有甚者，投资机构将创始人赶出企业。在很多场合下，投资机构往往只说，PE帮助企业成长壮大的事情，却从不提PE只摘果子的事实。

可以说，陶华碧的“我坚决不上市，一上市，就可能倾家荡产”的做法值得中小企业借鉴。华为创始人任正非就抨击过资本市场，在任正非看来，一旦企业上市，股东们就会套现走人，没办法同舟共济。如有的公司高管宁可辞职也要及时套现，阿里巴巴和谷歌上市之后都出现过员工离职潮。企业一上市，很多员工不是觉得工作太苦想休息一下，就是想自己创业。这样的风险无疑会阻碍企业的继续发展。

另外，企业上市也不过是纸面财富，并非真正的货币，近期的前首富李河君的案例就说明这一切。股价的不稳定性，同样会影响创始人的身家，这些公开秘密，那些鼓吹企业上市好处的机构投资者自然不会提及。

2. 上市公司的“圈钱”游戏

“我坚决不上市，一上市，就可能倾家荡产。上市是欺骗人家的钱，有钱你就拿，把钱圈了，喊他来入股，到时候把钱吸走，我来还债，我才不干呢。所以一有政府人员跟我谈上市，我跟他说，谈都不要谈!你问我要钱，我没得，要命一条。”

在上市问题上，陶华碧相对是比较清醒的。当然，陶华碧的做法引来了不少机构投资者的冷嘲热讽和批评。有的人撰文称：“看不懂这段话啊，谁把钱吸走，为什么要还债？”

可以肯定地说，不管陶华碧是否带有何种“上市=圈钱”的偏见，但其能够抵住诱惑和忽悠，坚持做好主业，稳健发展的精神是值得肯定的。

摆在陶华碧面前的路并非只有上市一条。究其原因，老干妈想要做大做强，一定需要上市却是一个伪命题，因为上市只不过是一个选择项而已。不可否认的是，陶华碧能够抵制资本增值的诱惑，这样的行为与大众眼中的道德高尚无关，与是否上市就能够做大老干妈也没有因果关系，而是陶华碧自己的经营策略。

说到底，老干妈不上市的关键原因是由自身特性决定的。首先，老干妈是一家轻资产的公司，产品生产线的初始投入并不是很高，其技术含量相对于芯片制造要低很多。其次，老干妈的产品较为特殊，老干妈辣椒酱虽然是消费品，但用量不是很大，利润率却较高，属于典型的隐形冠军企业。这种企业的市场地位实际上是在一个跨国企业和中国大佬级企业们都忽视的角落里面成长壮大的，其统治地位全靠消费者的口碑和习惯（当然也和较好的质量控制有很大关系）。

老干妈之所以能够在与竞争对手的较量中胜出，关键在于陶华碧选择了一个实力雄厚的大企业或者跨国企业所忽视的、不愿意插手或者认为不值得涉足的商业盲区，见缝插针捕捉新的商业机会，从而得到更丰厚的利润。即使实力雄厚的大企业或者跨国企业想要涉足该市场，也要付出高昂的成本作为代价。

学者沈一冰撰文指出："按照陶总的性子，收购兼并是肯定不接受的，那么硬做一个新的品牌出来的话，因为本身老干妈的定价已经较低，在这个空间有限的细分市场，超出需求的辣酱类产品消化速度是很慢的，砸钱的收效就是和老干妈同归于尽，何况要砸多少钱才能把老干妈干下去还是个未知数，还不如用这钱做用量更大的油酱醋酒。所以，老干妈面临的竞争威胁实际也不那么激烈。"

在市场经济条件下，要想在强手林立的竞争中做强做大，必须专注于市场的某一细分环节，绝对不能与实力强大的跨国公司正面竞争，尽量通过专业化经营、见缝插针的方式占据有利的市场位置。在广告投放上，老干妈的毛利不需要像贵州茅台一样大肆宣传。如果看看毛利率，茅台的成本几乎可以忽略。

再次，由于陶华碧坚持全现金结算，老干妈这个企业的现金流非常良好。在实际经营中，老干妈的业务开拓，没有迫切的融资需求。在这样的背景下，老干妈上市与否都不影响其做强做大。只要不盲目地展开多元化经营，继续保持较高的产品品质，自然可以把老干妈打造成百年老店。

在上市与否的争论中，我们必须明确企业上市的真正需求。一般，企业上市的原因有三个：首先，上市公司能够自由运用股和债这两种基本融资工具，非上市公司无法做到；其次，上市公司可以通过其资本市场平台方便地进行兼并和收购，无须动用太多现金，而非上市公司的股权一般做不到大规模的股权收购；最后，上市公司通过股权激励的方式可以方便地招揽、留住专业的管理和技术人才。

3. 企业上市圈钱的手段

2015年6月，中国股市一路飙升，沪指突破5000点大关。在上市公司股价大涨的同时，引发大股东的减持潮，加上增发价格的提高，掀起了上市公司的一阵阵定向增发风。

在2015年的夏季，不管是缺钱的，还是不缺钱的上市公司，都在有条不紊地推出自己的定向增发计划，募集的金额也相对较大，甚至有很多上市企业“吹响”了加码主业的集结号，但主要还是变相地向市场要钱，表面上尽管由参与定增的认购方提供资金，但事实上最终却是中小投资者为此买单。

所谓定向增发，指的是上市公司向符合条件的少数特定投资者非公开发行股份的行为，规定要求发行对象不得超过10人，发行价不得低于公告前20个交易市价的90%，发行股份12个月内（认购后变成控股股东或拥有实际控制权的36个月内）不得转让。

可以肯定地说，定向增发也成了上市企业在首次公开发行（IPO）之后再融资的主要方式，在此之前，该手段本是个别上市公司为了融资需求偶尔地推出定增计划的，但是由于最近出现上市企业集体推定增的风潮，其“圈钱”的意图就较为明显。

在此轮定增的风潮中，由于在不缺钱的券商和银行等都纷纷摇旗呐喊定增的引领下，此时便成了那些本来就缺钱的上市企业向市场伸手要钱的最佳时期，如经销珠宝翡翠的东方金钰企业就打算以定增的形式募集资金80亿元；绍兴黄酒企业会稽山拟定增募集资金18亿元；大东方拟定增募集资金11亿元；金鹰股份拟定增募集资金15亿元……

上述这些以定增方式向市场伸手要钱的企业中，有的表示，直接定增募集的资金将用于补充公司流动资金，而大多数企业则是把定增募集的资金用于加码主业，或是拓展其他领域。

当我们认真地分析这些企业的募集资金用途后最终会发现，圈钱才是此次定增的主要目的。如东方金钰公司，拟募集80亿元资金，用其中22亿元设立深圳市东方金钰小额贷款有限公司、对深圳市鼎泰典当行有限公司增资26亿元、5亿元设立云南东方金钰资本管理有限公司以及17.65亿元偿还金融机构贷款、9.43亿元投向“互联网+”珠宝产业综合服务平台项目。

作为东方金钰这个主营珠宝玉石的企业，虽然此次拟募资80亿元资金，但只有9.43亿元用于主营业务。不仅如此，控股子公司金钰网络还负责“互联网+”珠宝产业综合服务平台项目。该公司的业务主要分三类：珠宝行业P2P网贷、在线珠宝商城和珠宝论坛。即珠宝典当行业务、在网上销售珠宝业务和珠宝行业讨论业务。这无疑是在炒作“互联网+”的概念。

从上述定增的企业来分析，当上市企业推出非公开发行时，其主要负责提供资金的是参与定增的机构或者其他认购者，但是最终由中小投资者为此买单。资深市场人士因此断言：“那些参与定增的认购方，一般是不会亏钱离开的，他们本身认购成本就较低，而且定增对于公司来说属于利好，这些认购方会在认购的一年后在高位套现离开，认购方赚钱离开，上市公司也融到了钱，那么谁在接手？自然就是那些在二级市场上的投资者了。”

像东方金钰这样的企业并不是唯一一个个案。据《北京商报》报道，作为深市中小板公司的顺鑫农业，限售股解禁1.24亿股。这些限售股全部都是顺鑫农业在一年前向8家机构推出定增融资时的增发限售股，顺鑫农业在2014年6月15日完成定增，8家机构当初以13.2元/股的成本参与定增。然而顺鑫农业股价已经达到30元/股，这8家机构一年间已经实现翻番的收益，浮盈约20.8亿元，这也是那些机构会积极参与上市公司定增的主要原因，机构不仅没有买单，还将赚大把的钱离开，最终买单的还是投资者。

当我们层层揭开企业上市“圈钱”的黑幕时，尽管陶华碧没有多少文化，却能清楚地看透世情的本质，不得不敬佩这位苦尽甘来的老太太。因此，陶华碧“我坚决不上市，一上市，就可能倾家荡产。上市是欺骗人家的钱，有钱你就拿，把钱圈了，喊他来入股，到时候把钱吸走，我来还债，我才不干呢！”的观点是有几分道理的。

三 "老干妈不上市"的战略逻辑

2014年4月，一则关于"老干妈不上市"的新闻引起了媒体、大学商学院教授、风险投资负责人等一大群人的热议。其实，上市与否不过是一个企业经营者的经营策略而已，为什么却在中国市场上一石激起千层浪呢？这背后到底是什么力量在吹动着这一潭上市热潮的春水呢？为什么一个偏安西南的食品企业引发如此关注呢？

据媒体的报道，2013年老干妈全球销售额超过37亿元，规模相对于上千亿元的巨型企业华为而言，无疑是沧海一粟。这两个本无关联的企业却因为创始人共同持有"不上市"的观点而聚焦在一起。

一时间，为陶华碧点赞的人很多，认为陶华碧的做法与当下诸多投机现象形成了鲜明对比，是中国经济的未来。当然，批驳陶华碧的声音亦不在少数。

在这两种声音交锋的背后，其实透露出各自的立场，没有谁对谁错的问题。为了搞清楚企业上市与否，我还愿意从企业经营的角度来剖析这一中国目前崇尚资本运作的怪现象。该现象如同一面三棱镜，从中能够折射出企业上市语境下的众生相。

1. 老干妈不上市的真正意图

对老干妈这个家族企业创始人陶华碧来说，"老干妈不上市"，并非是哗众取宠，而是依据自己的经营所得出的这个结论。

陶华碧提出"上市圈钱论"有其独特的判断，尽管引来不少非议，但是在陶华碧看来，"上市那是欺骗人家的钱"。陶华碧因此多次拒绝贵阳地方政府的上市提议。

很多有意对“老干妈”投资的机构为了分享老干妈的盛宴，试图找到地方政府出面，结果同样铩羽而归。尽管陶华碧接待过两家投资机构，都是先直接由政府部门的人引见，但是陶华碧均回绝了其洽谈的要求。

据工商资料显示，老干妈2014年年销售额突破40亿元，注册资本仅1000万元。老干妈成立于1997年10月5日，股东结构极其简单，只有陶华碧与两个儿子。其中，陶华碧持有的股份仅占1%的比例，大儿子李贵山持有49%，小儿子李辉2012年5月才入股，持有50%。

如今的老干妈创始人陶华碧已经不再负责老干妈的具体事务，只掌握大方向。李贵山主管市场，李辉负责生产。

深创投西南大区负责人许翔高度评价老干妈：“老干妈是一家非常纯粹和质朴的公司，有一个最简单的商业模式。我觉得这个模式是合理的。”在许翔看来，任何一个国家的企业都是与众不同的，不是每一个企业家都愿意，或者每一个企业都适合上市。

无独有偶，同样是家族企业的美国科氏工业集团前任董事长弗雷德·科赫给子孙留下遗训说：“只要不将公司卖掉，你怎么办都行。”

当美国科氏工业集团传到弗雷德·科赫的二儿子查尔斯·科赫（Charles Koch）手里时，毅然坚守父亲的遗训，他也誓言“除非我死了，科氏才能上市”。

美国科氏工业集团两代掌门人都拒绝上市，相信有其自身的理由。不过，任何一个成功挂牌上市的企业，必须定期公开运营数据，企业的股价也会因此受到股票市场整体氛围的影响。尤其家族企业专注长远发展时，可能因尝试新产品或进行结构重组，需要增加投入，营收也会下降，碰到经济衰退时，投资回报会减少，资本市场的压力就会接踵而至，逼迫经营者为迎合市场采取各种短期行为，导致抗压力减弱。

像老干妈和美国科氏工业集团这样的家族企业，如果不上市，则能完全按照自己的发展步骤制定合理、科学的企业战略，这无疑会保证企业的基业长青和永续经营。因此，在美国科氏工业集团两代掌门人看来，上市并不是目的，而是手段，保证公司有健康的现金流和持续稳健的扩张才是正道。这样的经营理念，正是陶华碧朴实经营思想的理论注脚。

在美国、欧洲等成熟市场，许多家族企业都不肯轻易上市，在这些家族企业创始人意识中，是否上市是一个关乎家族企业生存和发展的、十分谨慎的决策。

然而，在中国崛起呼声中的诸多家族企业，几乎把家族企业上市作为一个伟大的目标来实现，甚至在很多家族企业战略中，明确把上市作为一件重要的事情来抓。究其原因，上市对企业能够促进发展的作用，作用见表8-1。

表8-1　家族企业上市的六个作用

（1）上市有助于家族企业实现低成本、快速融资	融资是家族企业非常棘手的问题，而上市是家族企业在融资方面一个相对低成本的融资工具。事实证明，对于家族企业来说，上市仍然是一种较为快速融资的方式之一
（2）家族企业减少对银行贷款的过度依赖	在家族企业的发展过程中，为了获得更好的发展，创始人往往会向银行寻求贷款，这样就会对银行产生一定的依赖性。然而，在家族企业上市后，家族企业从资本市场融到巨额的是资本，家族企业的资产负债率也相应地大大降低。家族企业对银行贷款的依赖性也就相应降低。相反，家族企业上市后，家族企业在银行的信用评级也会相应得到提高
（3）可融资和再融资	在家族企业的发展中，往往面临着可融资和再融资问题。在家族企业上市后，就可以进行可融资和再融资了。当然，家族企业可融资和再融资由此带来资金的乘数效应，进而可获得更多的发展机会。比如，万科当初是以倒卖猪饲料开始的，后来凭借上市再融资获得了很多发展机遇，如今的万科在资本市场获得了充裕的发展资金
（4）低成本广告效应	不可否认的是，家族企业上市前后，众多媒体发表相关的分析文章，对于提升家族企业品牌有一定的作用
（5）实现跨越式发展	家族企业上市后，不仅募集了巨额的发展资本，还能利用募集的资本来完成家族企业产业链的整合
（6）提升家族企业的管理水平	家族企业上市后，必须按照规定，引进科学的公司管理方式，建立一套规范的管理体制和财务体制。当然，这有助于提升家族企业的管理水平

为什么美国、欧洲等成熟市场国家家族企业不肯轻易上市，而中国家族企业纷纷举起上市的大旗？原因就是，这两类“上市观”的差异非常巨大，原因见下表8-2。

表8-2 欧美国家家族企业不愿意上市的四个原因

（1）	在家族企业上市后，人们往往对上市公司尤其是那些高成长型企业上市都有较高的成长预期
（2）	很多家族企业不愿意上市，其中一个理由就是不愿意接受上市公司严格的信息披露制度，因为家族企业一旦上市，就必须公开企业的信息，即使某些商业秘密也不例外，这是对上市公司竞争力的巨大挑战
（3）	一般，家族企业上市后，无疑就成为一家公众公司。而家族企业对社会的直接影响以及自身社会形象都具有“放大”效应，一旦遭遇危机，家族企业的股票市值就可能大幅度缩水
（4）	家族企业上市后，意味着家族企业创始人的股权被稀释，家族企业的经营战略，或者是某些经营决策也可能被更多人控制或者做出相应的改变，甚至有的家族企业控股权都可能会有旁落他人的危险，尤其是过去家族企业创始人独享的利润将被极大地“摊薄”

研究发现，在欧美国家，许多优秀的家族企业，往往对上市十分保守、谨慎。

然而，中国家族企业，上市的热情在冲动中从未减弱过，我们通过逆向的角度来看中国家族企业偏爱上市的原因，特别是那些财务越是糟糕的家族企业，上市的动机也就越强烈。当然，这类财务糟糕的家族企业造假上市的冲动也就更加强烈。

2. 企业上市动机

在老干妈不上市的争论中，不管各方所站的立场是什么，但是必须搞清楚各方观点所折射出的企业上市动机。即企业上市的最终目的到底是什么。

对于绝大多数企业而言，上市无非是为了拓宽融资渠道，规范企业的经营行为，提升企业的知名度，达到做大做强的目的。史玉柱就是这方面的企业家代表，他认为，上市其实是为了管理更加规范。

北京时间2007年11月1日晚上9：30，时任巨人网络公司董事局主席兼首席执行官史玉柱在美国纽约证券交易所敲响上市钟，这钟声宣告巨人网络在美国成功上市。

据媒体披露的资料显示，巨人网络上市发行价为15.5美元，融资8.87亿美元。当日开盘价18.25美元，随即攀升到19.1美元。

史玉柱在接受媒体采访时表示，成功上市后的巨人网络市值高达50多亿美元，超过盛大（市值27.6亿美元）成为中国市值最高的网络游戏公司。同时，上市还造就了21个亿万富翁、186个千万与百万富翁。

不仅如此，巨人网络的上市，标志着中国本土网游的成功，标志着中国网游得到了世界的认可。据IDC公布的数据，中国网络游戏行业最近几年一直在高速增长。2006年中国网络游戏营收为815亿美元，比2005年增长了735%。IDC预计，2011年中国网络游戏营收将达到30亿美元，相当于2006年至2011年期间，中国网络游戏营收将保持302%的年均增长速度。

面对媒体的采访，东山再起的史玉柱此次赴美上市，有着自己的考量，特别是此次巨人上市选择的是最为严格的美国纽约交易所。

史玉柱解释说："纽交所是全球规模最大、历史最悠久的交易所之一，它的规则非常严，这和我们做百年老店的战略是相符的。如果选择在国内或香港上市，融资会更多一点，但想来想去还是来纽交所。在纽交所募集资金10个多亿，我们觉得已经不错了。"

其实，史玉柱赴美上市，其目的有三。

（1）提升巨人的抗风险能力。在史玉柱看来，赴美上市更多的考虑依然是提升巨人的抗风险能力问题。史玉柱在接受采访时坦言："企业大了，第一位的便不是利润，而是企业的安全。"因此，赴美上市就是为了提升巨人抗风险的能力。史玉柱说："从企业安全的角度，企业也应该上市。如果我们回头看看，在这个行业里，很多企业已经下去了，而且下去就起不来了，但上市公司抗波折的能力就高得多。在资本市场的支持下，企业有了强大的融资能力，抗风险能力自然会大大提高。”

（2）管理规范化。要想使得巨人更加安全地生存下去，就必须去最为严格的美国纽约交易所上市，这样更能促进企业管理规范化。史玉柱说：“上市逼你走稳，公司管理将进入更为规范的阶段，以前是我一个人说了算，后来是公司的办公会议做决定，现在有了独立董事，管理会更加规范。上市通过法律等各种手段形成制约，相对来说做出错误决策的可能性（大大）减小，董事会、股东大会等在组织安排上又多加了几道保护。”

（3）改变公众看法。赴美上市是为了改变公众的看法。由于史玉柱曾经失败过，这就使得公众对史玉柱创办的企业产生强烈的不信任感。史玉柱为了改变公众对自己的看法，手段之一就是让他的公司上市，并选择了较其他交易所更为严格的纽交所作为上市地点，上市后巨人网络成为首个登陆纽交所的中国网游股。史玉柱是这样解释的：“（上市）把公司的规格提高了，在纽交所上市的公司从可信度等（方面）来说都是非常强的。要是跟一个公司做生意，上市的跟不上市的，肯定要相信上市公司。如果是在A股上市的和在香港上市的，可能更相信香港的，在香港和在纽约上市的，肯定更相信纽约的，竞争力也会更高一些。如果我们在A股上市能发（行）3倍或4倍的钱，但是我们觉得如果想做百年老店的话，还是来这里意义更大一些。”

对史玉柱而言，赴美上市不仅是融资，让巨人企业更加规范，还凝聚着他的记忆和情感。

在企业上市的动机中，像史玉柱这样的上市动机无疑会给企业的持续发展和基业长青注入活力。但是一旦背离这个目标，对于企业来说，无疑是灾难。不信，我们以一个真实的案例来剖析。

1996年，绿大地生物科技股份公司创办者和董事长何学葵从云南小城河口一个小花店起步，短短五年时间，何学葵经营的小花店很快发展成了总资产上亿元的大型民营企业。

此刻的何学葵大胆决定和科研部门合作。合作使何学葵很快取得了较好的成果，没过多久就培育出了20多个新品种花卉，并建成了云南省境内最大的种苗培养基地。何学葵培育的花卉产品得到中外经销商的认可，甚至出口海外。

当何学葵的事业正蒸蒸日上时，何学葵又抓住了1999年昆明世博会的这个巨大的商机，巧妙地签订了多项绿化工程项目的合同，这就为绿大地生物科技股份公司成为云南园艺和绿化行业的龙头企业打下了坚实的基础。

《圣经》说，大多数人都会选择走“宽门”，因为这是最好走的路，但同时也是通向地狱的路。只有极少数人才会选择“窄门”，但那里通向天堂。这个道理对何学葵来说，同样适用，何学葵如果脚踏实地地经营下去，绿大地必然有一个美好的未来。但是何学葵不满足于这样稳健的发展路径，而是追求跨越式的发展，希望绿大地能够在短时间内迅速做大。

正是这种迅速做大的想法，让何学葵将绿大地包装上市，并通过上市融资的方式快速扩张。

当然，要想上市就必须达到上市的标准。然而，当时的绿大地完全达不到上市的标准，绿大地上市只不过是何学葵的一个梦想而已。

何况让绿大地上市这并不是何学葵的专长。要实现绿大地上市，何学葵就必须聘请相应的管理人才，而这个人才就是曾经就职于贵州财经学院和云南省审计厅的蒋凯西。

在制定绿大地上市的目标后，何学葵为了让蒋凯西帮自己实现绿大地的上市梦，拿出了一部分原始股权给蒋凯西，同时在2000年前后，聘请蒋凯西担任了绿大地的董事和财务总监。

蒋凯西的加盟，加快了绿大地上市的步伐。当然，蒋凯西为了更快地让绿大地上市，向何学葵推荐了上市资深专家——庞明星。

可以说，庞明星是一位名副其实的上市专家。在2003年加盟绿大地之前，庞明星已经帮助中国10多家企业上市，对上市的流程了如指掌。

而后，绿大地为了达到上市的标准，绿大地董事长何学葵，财务总监蒋凯西、财务顾问庞明星、出纳赵海丽负责在账本上虚增业绩，而采购中心主任赵海燕则负责在客户上做文章。就这样，绿大地这辆造假的马车开始在上市的路途上狂奔了，主要有以下三步：

（1）修改公司名称	把绿大地公司的名称加入“生物科技”的字样，以迎合市场和投资人的喜好
（2）注册一批由绿大地实际控制的公司	注册了一批由绿大地实际控制的公司，利用其掌控的银行账户，操控资金流转
（3）达到上市的条件	伪造合同、发票和工商登记资料，虚构交易业务，虚增资产，虚增收入以达到上市的条件

经过这三步后，绿大地虚增资产3.37亿元，虚增收入5.47亿元，个别的资产竟然被虚增了18倍之多。不过中间是经历了一些小小的波折，即在2006年10月，绿大地的第一次上市失败。对此，何学葵认为发行股票没有审核通过的原因，主要就是关于市场调研运行，还有市场前景的问题，大量募集资金投向与经营问题。

但是，在何学葵“绿大地有条件要上市，没有条件也必须创造条件使绿大地上市”的指导方向下，蒋凯西、庞明星等人最终还真把绿大地给鼓捣上市了。即在2007年12月21日，绿大地终于成功地登陆中小企业板，募集资金3.46亿元。而绿大地成为当时A股唯一一家绿化行业的上市公司，也成为云南省第一家民营上市公司。

就在绿大地上市挂牌的第一天，绿大地的股价一路高涨，市值上涨了178%，最高时涨到了每股近64元，而作为绿大地创办者和董事长的葵何学葵，一度拥有超过27亿元的资产。

2009年，在资本市场上凯旋的何学葵跻身胡润富豪榜，成为媒体和地方政府关注的云南女首富。而此时，在资本市场上狂奔的绿大地已经踏上了一条没有归家的路。

为了达到上市公司的要求，何学葵等人通过造假堆出虚假的繁荣。为了避免资金链断裂的危险，绿大地在2009年8月提出了增发申请。

然而，让何学葵没有想到的是，正是2009年8月提出的增发申请，让监管部门发现了绿大地造假上市问题水下冰山，最终整个骗局败露。

为此，中国新时代的云南女首富就这样悄然谢幕了。

在本案例中，何学葵为了上市，不惜造假，最终因为自己的行为付出了代价。

客观地说，何学葵是中国女企业家中一朵非常耀眼的奇葩。从何学葵的履历中我们就能看出：1990年7月，何学葵毕业于云南财贸学院商业经济系，其后相继担任了云南省路达公司财务经理、云南省卫生厅升龙公司业务经理、昆明五华经贸公司总经理等职务；1996年6月，何学葵联合其他股东组建了云南河口绿大地实业有限责任公司，任总经理，于2001年3月将公司整体变更为云南绿大地生物科技股份有限公司，并担任董事长至2011年3月18日，之后何学葵以个人原因申请辞去公司董事、董事长职务。

短短数年间，何学葵把一个仅有20万流动资金、5名员工的小花店发展成一个注册资本为4400多万元、总资产上亿元、拥有250多名员工的大型股份制企业。

这样的经营业绩说明何学葵是一个不可多得的精英人才，何况何学葵是一位女企业家。对此， 中国证监会稽查大队稽查人员小刘在接受采访时谈道："公司就踏踏实实做工程，做苗木工程，做绿化，估计还可以，但是规模可能不会像现在虚假这么大。"

当何学葵造假上市的事件被媒体披露后，有媒体公然把绿大地称为"银广夏第二"。媒体把绿大地称为"银广夏第二"的原因是，绿大地和"银广夏第二"上市的方法非常雷同，都是农业股，都是虚增利润，业绩造假。

何学葵"绿大地有条件要上市，没有条件也必须创造条件使绿大地上市"的做法警示中国家族企业，尽管上市圈钱融资对于任何一个家族企业来说都具有非常大的诱惑力，但是家族企业创始人一旦不计成本、盲目跟风，甚至造假上市，最终只会为之付出惨重的代价。

就像上述案例中绿大地创始人何学葵一样，不仅失去了实现自我价值的机会，而且连自己的前途也没有了，实在令人惋惜。

其实，对于家族企业创始人而言，上市与否，完全取决于自身企业的情况：如果财务不规范，就聘请一个会计专家；如果的确要上市，就聘请相关的专家。循序渐进地将企业规范经营，从而达到上市公司的要求，绝对不能揠苗助长。

可能有读者会问，既然上市要根据自身条件，还要坚持循序渐进，那么何学葵为什么还要造假上市呢？其实这就是部分中国家族企业创始人不懂法律，总是抱着侥幸的心理，铤而走险，而这样的结果就是搬起石头砸自己的脚，最终将自己多年经营的事业葬送。

尽管陶华碧不擅长资本运作，却看清楚了企业持续发展和基业长青的关键并非是上市一条路。正是因为陶华碧明白了上市并非万能，才避免了“有条件要上市，没有条件也要创造条件上市”的悲剧发生。因此，陶华碧才说：“上市那是欺骗人家的钱，有钱你就拿，把钱圈了，喊他来入股，到时候把钱吸走了，我来还债。”

四　远离政商魔咒

很多时候，一些企业家认为，拉关系比经营更重要，然而，在北京中坤投资集团董事长黄怒波看来，这样的观点是有失偏颇的。他认为，贪官倒一个，企业家倒一批这是不对的。黄怒波说："企业家要与权力严格切开，现在倒一个大贪官就倒一批企业家，这个时代一定要过去，企业家一定要保有企业家的独立人格，过去创业没有钱，肚子也饿，有时候做点下三烂的事情也是有可能的，但是现在衣冠楚楚，在这个时候我们要考虑到尊严和人格，不为钱财再去低头哈腰了。"

黄怒波的观点与陶华碧的观点不谋而合，陶华碧曾经接受媒体采访时说："我教育儿子，就好生生做人，好生生经商。千万千万不要入股、控股、上市、贷款，这四样要保证，保证子子孙孙做下去。所以一有政府人员跟我谈上市，我跟他说，谈都不要谈！免谈！你问我要钱，我没得，要命一条。"

1. "我只晓得炒辣椒，我只干我会的"

在关系盛行的中国，像胡雪岩一样的很多红顶商人试图使出浑身解数，尽可能地与政府官员拉近关系，找出能够"飞黄腾达"的机会。然而，让这些经营关系的人没有想到的是，官员的倒台让他们的"飞黄腾达"梦想灰飞烟灭。

当然我们不否认，政商关系对于中国商人来说是一个绕不过去的古老话题。财经作家吴晓波曾感慨地说："两千多年的中国企业史，归根到底是一部政商博弈史。"中国政商关系之乱，主要源于两点：第一，手握权力的人掌握了过多的资源且缺乏必要的监督与约束；第二，商业与权力交往互动的机制不健全、不透明，商人缺乏与权力博弈的制度支持。

自古以来，中国商人的政商好奇心非常强烈。无论是目不识丁的小商贩，做超级生意的大商人，还是饱读诗书的儒商都热衷于政商。

商人热衷政商，是特定的历史年代造成的。在中国这样一个注重儒家伦理的传统中，商人的地位是最低的——士、农、工、商，加上中国历代王朝都在重农抑商，从汉朝到清朝一脉相承地继承了严控商业专制政策的传统。

在中国这样残酷的生存环境中，商人想要获得必要的生存空间，政商就是一条捷径。商人热衷政商，目的主要是，商人的财产能够得到官方的保护，一旦遇到纠纷，起码会有一个较为公平的裁判。

然而，商人们这种非常简单的政治想象，总是难以如其所愿，在《中国与美国》一书中，以至于像美国学者费正清这样的中国问题研究者都较为疑惑："一个西方人对于全部中国历史所要问的最迫切的问题之一是，中国商人阶级为什么不能摆脱对官场的依赖，而建立一支工业的或经营企业的独立力量？"

为了更形象地描述自己看到的问题，费正清用了一个捕鼠的比喻来形容："中国商人具有一种与西方企业家完全不同的想法——中国的传统不是制造一个更好的捕鼠机，而是从官方取得捕鼠的特权。"

在费正清看来，中国商人之所以不去制造捕鼠机，而去追求捕鼠的特权，是因为商人没有获得捕鼠的特权，即使再高效的捕鼠机也都无法工作。费正清的这一惊人发现引起了中外学界的关注，甚至成为一个公见。法国年鉴学派的布罗代尔在《世界史纲》中就很简洁地说："中国社会，政府的权力太大了，使富有的非统治者不能享有任何真正的安全。对任意征收的恐惧始终挥之不去。"

对于这一疑问，中国历史学者王亚南、傅衣凌早在20世纪40年代也断定："秦汉以后的历代中国商人都把钻营依附政治权力作为自己存身和发财的门径。"

前些年，中国社科院哲学所的王毅在《中国皇权制度研究》中给出了同样的结论："托庇于官僚政治之下，是制度环境对于中国商人生存出路的根本性规定。"

在古代的中国，依附于政治，生存、发财，是商人在专制制度环境内寻找出路的一种无奈选择。在上千年的经商中，商人群体始终都没有形成一支真正的独立力量。在这条历史的长河中，中国商人阶层曾经尝试着从官僚政治的托庇中摆脱出来，特别是在新中国改革开放后，一部分商人逐步远离政商关系，成为当下这个社会经济中的亮点，作为老干妈的创始人陶华碧就是这个亮点中的焦点。

在老干妈发展和壮大的过程中，陶华碧就与贵州地方政府保持一个合理的距离。贵州当地政府也扮演了一个"恰如其分"的角色，对于老干妈这个民营企业，仅仅是呵护绝对做到不干涉内部管理，为老干妈提供了一个较为理想的发展环境。近10年前，贵州当地政府给予了一些税收减免优惠政策。

在陶华碧看来，政府的介入，可能会得到一些政策上的优惠，但是也可能使得老干妈的发展方向失去控制。

2. 从不与当地政府拉关系

在陶华碧看来，保持与政府的合理距离是保证老干妈基业长青和持续经营的一个重要因素。

2000年，老干妈产值1.5亿元，上缴税金2464万元。在这样的背景下，扩大规模就摆在陶华碧面前。2001年，陶华碧为了进一步扩大企业的生产规模，不得不再建一处厂房。当时，老干妈大部分资金都压在原材料上，高层领导建议陶华碧寻求政府的帮助。

在得知老干妈要扩建规模后，贵阳市南明区委对此事较为重视，并立即协调中国建设银行给陶华碧贷款。协调好后，贵阳市南明区委办给陶华碧打来电话，让陶华碧到贵阳市南明区委洽谈此事。

陶华碧带上会计来到贵阳市南明区委，乘电梯到贵阳市南明区长办公室所在的三楼。因为电梯很旧，门已经坏了，陶华碧走出电梯时，一不小心被电梯门剐住了衣服跌倒在地。陶华碧因此改变了借钱的想法，说：“你们看，政府也很困难，电梯都这么烂。我们向政府借钱（陶华碧不知道政府协调银行贷款是什么意思，以为就是向政府借钱），给国家添麻烦。不借了，我们回去。”

正是这样一个举动，改变了陶华碧的经管路径。在成千上万的企业经营者看来，融资是企业发展和壮大中的一条必经之路，一个企业一旦不能够融到资金，就意味着现金流可能出现断裂的情况。

企业融资的作用也就不言而喻了。当然，这样的理论源于一些企业经营者的看法，他们认为，一个企业活着，前提是不断盈利，一旦企业缺乏必要的融资渠道，那么只能凭借下个月、下一年的销售收入来维持。当企业融到资金后，企业就不需要马上获得利润也能够生存，在这样的条件下，企业经营者可将眼光放到三年或者几年之后。这就意味着资金就像创业企业的血液一样，关系到创业企业的生死存亡。

大量事实证明，企业的融资并不是一个简单的、“是或否”的问题，关键是企业经营者懂得在何时用何种方式达到融资的目的。在老干妈的发展和壮大过程中，陶华碧就坚持“不贷款、不融资、不上市”的“三不”政策。如同陶华碧所言：“我没有跟国家贷过款，贴息贷款我都不要。政府很早以前就提出要扶持，我不要，我有多大本事就做多大的事，踏踏实实做，不欠别人一分钱，这样才能持久。我不但不欠政府一分钱，也不欠员工一分钱，拖欠一分钱我都睡不着觉。和代理商、供货商之间也互不欠账，我不欠你的，你也别欠我的。”

在陶华碧看来，稳健的经营策略比盲目规模扩张要妥当很多，至少可以控制风险。一旦老干妈贷款，势必会导致更强的投机心理，这无疑会把老干妈这个企业引向破产的悬崖边。由于工作关系，我在给一些企业老板做内训时发现，不胜枚举的企业经营者都认为，融资是决定一个企业基业长青和持续经营的必备条件。

殊不知，这样的看法是不客观的，在实际的经营中，融资仅仅是企业经营者实现商业计划和商业发展的一个部分，建立一个持续、永久盈利并为用户所喜爱的百年品牌才是重中之重。在企业的发展过程中，包括种子期、初创期、发展期、成熟期等不同的发展阶段，每个阶段都有不同的发展方式。

其实，企业组织生命周期的理论不仅存在于企业中，也存在于任何组织中。因此，在任何发展阶段，企业经营者要想使得企业健康发展，必须加大产品研究、市场推广、运营管理等各项工作来实现企业的商业计划，而融资仅仅是企业经营的一部分而已。

风投公司Homebrew联合创始人亨特·沃克（Hunter Walk）表示，风投资本并不是资助企业的唯一途径，对很多早期创业公司而言，它实际上是最糟糕的途径。实际上，美国大多数企业家不需要融资。这样的理论从侧面证明了陶华碧"不贷款、不融资、不上市""三不"政策的合理性和实用性。

3. "我没有跟国家贷过款，贴息贷款我都不要"

当老干妈创始人陶华碧拒绝官商经营时，赢得了很多研究者的一致好评。与大部分企业家不同，陶华碧从不与当地政府官员拉关系，正是因为如此，陶华碧的底气便相对足一些。贵阳当地一政府部门官员毫不讳言地说："尤其是这几年公司越做越大，即便是政府的人，想见那几位高层也很难。"

坊间传闻，陶华碧愿意"买账"的人只有孙国强和龙永图。公开资料显示，孙国强时任贵州省副省长，贵州大学讲师熊昉坦言："他能和陶华碧顺畅地交流，这是很不简单的。孙国强可以用非常直白的话让陶华碧听懂经济学上的东西，还愿意照着做，陶华碧发展过程中做出的许多重要决定，可能都受过孙国强的影响。"

尽管陶华碧与政府官员有一些往来，却始终保持一定的距离，从不凭着这层关系谋取好处。正如陶华碧所言："我没有跟国家贷过款，贴息贷款我都不要。去贷款，都没压力，就没动力。自己去做，你晓得压力压在自己肩膀上，晓得去努力去奋斗。政府很早以前就提出要扶持，我不要，我有多大本事就做多大的事，踏踏实实做，不欠别人一分钱，这样才能持久。我们企业走到今天，对国家，就是卖一个煤渣，我都要纳税；对供应商来说，我从不拖欠一分钱；对员工来讲，我按照国家政策不亏待；对顾客，从原材料到每一道工艺，我们都认认真真去做，保证质量。我们非常透明。我的账是公开的，随便你来查。"

在陶华碧看来，依靠政府扶持就意味失去奋斗动力。正是陶华碧"多大本事就做多大的事，踏踏实实做，不欠别人一分钱"的经营策略，使其企业的产值十多年来增长了75倍。正是这种企业与政府之间的良好互动，恰恰最易激发民营企业的活力，最能促进小微企业的生存和成长。所以，陶华碧没有做房地产、没有做新能源，老干妈品牌甚至也没有覆盖到果蔬罐头、豆瓣酱品类。

第9章 崇尚家族企业模式

在家族企业被视为落后管理代名词的今天，陶华碧认为『西方国家一样有很多家族企业，家族企业并不是不要现代化企业管理的机制，家族企业同样要融入现代化企业的管理制度。历来的传统都是这样子，成功的企业往往都是家族企业。』

在改革开放三十多年的时间里，家族企业如雨后春笋般拔地而起，有的成为中国典型的标杆企业，有的在为打造百年老店而努力。陶华碧又是如何将老干妈这个家族企业用其较好的经营业绩为家族企业模式的可行性证明，为家族企业的优越性证明的？

一 “成功的企业往往都是家族企业”

每一天，老干妈厂房里都会生产出大约220万瓶辣椒酱，等待着被发往中国各地的大小超市，以及遍布五大洲的30多个国家和地区。老干妈，这个典型的家族企业正在蓬勃发展。接近古稀之年的陶华碧和她的家族拥有老干妈90%的股权，正是陶华碧这个家族，创造了一个红红火火的“辣椒酱帝国”。

尽管陶华碧没上过学，却深知家族企业的经营优势，也清楚家族企业的发展趋势。陶华碧认为，“西方国家一样有很多家族企业，家族企业并不是不要现代化企业管理的机制，家族企业同样要融入现代化企业的管理制度。历来的传统都是这样子，成功的企业往往都是家族企业。”

1. 老干妈股权分布

在中国家族企业中，陶华碧经营的老干妈就是一个典型的家族企业。据工商资料显示，这家年销售额突破40亿元的贵阳南明老干妈风味食品有限责任公司（文中称“老干妈”），成立于1997年10月5日，注册资本仅为1000万元，股东是陶华碧和她的两个儿子。其中，长子李贵山持有49%，次子李辉2012年5月才入股，持有50%，陶华碧仅占1%的比例，见图9-1。可以说，老干妈的股东结构极其简单。

在老干妈这个家族企业中，如今的董事长陶华碧已经不再负责具体事务的管理，仅仅掌握大的方向。长子李贵山主管老干妈的市场拓展，次子李辉负责生产。

从上述这组数据中不难看出，老干妈这个企业跟中国上千万个家族企

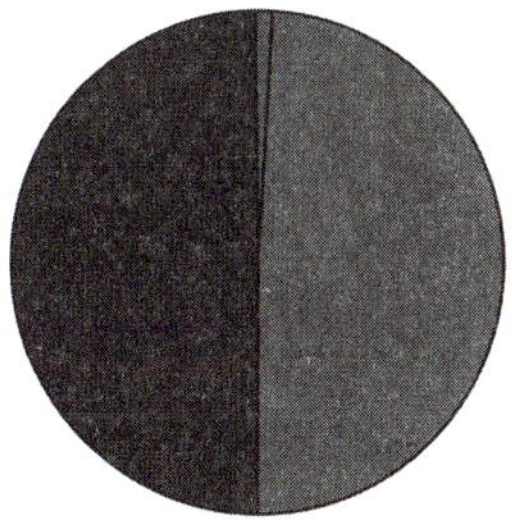

图9-1 老干妈股权分布

业的结构并无差别。但是陶华碧坚持“不贷款、不融资、不上市，不让别人入股，也不去参股、控股别人”。陶华碧的经营策略，使得老干妈在中国企业界成为一个较为特别的范例存在。

在很多国人眼中，提及家族企业，他们对其都嗤之以鼻，似乎家族企业就是落后企业组织形态的代名词：什么用人唯亲，裙带关系，管理混乱，公私不分，等等，于是“人才”们纷纷逃离“落后”的民营家族企业而投奔到外企的“大王”旗下。殊不知，很多外企的母公司也是家族企业。可能一部分中国人存在崇洋媚外的心理特性，所以，他们对家族企业的普遍误解，就不足为奇。

众所周知，对家族企业怀有偏见的并不只有中国人，欧美国家的研究者也如此。如美国经济学家小艾尔弗雷德·杜邦·钱德勒（Alfred Dupont Chandler Jr., 1918—2007）教授在接受美国《商业周刊》采访时谈到了他对家族企业的看法，说：“家族企业只是在工业化经济初期十分流行，随着工业化经济的发展及企业组织的进化，家族企业会逐渐消亡。”

在钱德勒看来，家族企业必然会消亡。由于历史的原因，中国上万家百年企业消亡，而改革开放诞生的家族企业也只有30多年的历史，自然也无法证明家族企业是一个长寿组织。不过，我却与之持相反的观点。

正是主流的经济学家不看好家族企业，引发了一场场的争论。当我们纵观世界，把研究的地域触及大中华圈的日本、东南亚世界华侨圈，以及欧美众多的家族企业时，我们发现，家族企业不仅大量存在，而且有的家族企业存在1000多年。

家族企业并非是阻碍发展的核心因素，因为企业的组织形式并没有好坏之分，关键是是否适合企业发展阶段性的需要。家族企业模式尤其适合中小企业，因为它首先是产权纽带紧密，利益分配清楚，家族成员相互了解，易于团结一致，共同发展，而且解决了核心团队内部的信任问题。即使是世界500强企业的安然公司、柯达公司，也难以幸免遭遇巨大危机。

正如陶华碧所言："谈到家族企业，外界不看好，我不那样看，没有家族企业，企业是赚不到（钱）的。不是一家人，就容易各是各的心，要同一条心，才能把企业做大，才有和谐社会。"在陶华碧看来，正是家族企业一条心的使命感和荣辱与共，铸就了老干妈这个家族企业的金字招牌和强大的现金流。正因为如此，不需借助资本的纽带，仅靠自己强大的现金流，老干妈的市场越做越广，远销北美、欧洲、东南亚、日本、韩国等多个国家和地区。

2. 如果搞家族制，太子奶不会出问题

失去太子奶后，太子奶创始人李途纯在反思太子奶的失败时坦言，其失败在于职业经理人。1997年，李途纯和他的太子奶以"标王"姿态耀目登场。作为一个时代的符号，"标王"这个词如今已少有人提。从1995年至今，回顾十几届标王，"孔府宴"风流云散，"秦池"黄粱一梦，"爱多"来去匆匆，"太子奶"苟延残喘，"标王"的故事永远被留在了那个春天里。而这个江湖每天都在上演新的传奇，移动互联网、大数据、O2O……

在这个英雄辈出的年代，因太子奶净身出户的李途纯不可能因此落寞而被时代忘记。也许新时代的传奇依旧可能再次发生在年过半百的李途纯身上，毕竟当年失败的史玉柱也东山再起。在这次再创业生涯中，李途纯将"红色乐园"作为新事业的起点，致力打造全球最大的红色主题旅游

基地。

这是李途纯10年前就想干的事。当时，李途纯在自己的老家湖南临湘拿了2000亩地。而此后的很多年里，这个项目都处于烂尾状态。至今部分土地尚存在纠纷。被拘期间，李途纯深知太子奶回天乏术。政府搞的事情，自己想全盘推翻太难了。他想干干净净地做一件新事，“红色乐园”此时又回到了他的视野里。李途纯在狱中做了全盘策划，出狱后，“红色乐园”正式动工。

“红色乐园”属于湖南五仙山旅游度假开发有限公司。这是一个家族企业，李途纯的前妻王依兰是法人和股东，儿子李帅负责全盘事务，李途纯只是总策划。这样的变化源于李途纯的第一次失败，李途纯强调，以后只做家族企业，决不搞股份制那一套。

究其原因，李途纯根本就不信任那些职业经理人。李途纯的理由是，“我当时要是搞家族制，太子奶不会出问题。中国没有真正的职业经理人。他们都是带着各种目的来的，不是真正想把企业搞好。他们可能开始要求很低，但进来后野心极大，争权夺利、暗中结帮。很多民营企业倒台完全是因为这些人。就像进来一个保姆，第二天就想当主人。”

李途纯的担心并不是没有道理，还有一些创业企业在融资后不久，创业投资人强势引入职业经理人，而创业企业创始人只好从一把手职位上撤下来，如一些技术出身的创始人转向主要负责技术开发，而不负责公司的总体发展和日常管理等。殊不知，当风险投资进入后，在职业经理人的带领下，创业企业曾经可行的诸多战略也会因此而放弃。自然，这就过早地导致创业企业的死亡。因此，要想让家族企业稳健地发展，创始人对家族企业的控制权就不能旁落。

遗憾的是，创始人被风险投资赶出创业企业的故事仍在发生。在2012年5月25日闪辞当晚，雷士照明创始人吴长江曾通过微博公开表示：等我调整一段时间，我依然会回来的，我为雷士倾注了毕生的心血，我不会也永远不会放弃。

吴长江这条微博似乎向外界传递出一个信号，那就是吴长江这个坚韧的山城汉子过一段时间后还会卷土重来。

不过，现实也是非常残酷的，甚至是血淋淋的。如果吴长江要卷土重来，摆在他面前有两条路：

第一，在雷士照明陷入困境后以“救世主”的形象重返。这个情景有点像苹果创始人史蒂夫·乔布斯。

今日的史蒂夫·乔布斯成为世界缅怀的重要人物之一，然而在20世纪80年代中期，即1985年，苹果创始人史蒂夫·乔布斯曾经被苹果公司驱除，当时史蒂夫·乔布斯卖掉了几乎所有苹果公司的股票，然后另起炉灶。

史蒂夫·乔布斯采用“曲线救国”式的策略演绎了一个美国股市上生动的创始人回归案例，从而一举拿下苹果公司的控制权。

不过，史蒂夫·乔布斯采用“曲线救国”却花了11年。1996年，经营乏善可陈的苹果公司以4亿美元收购乔布斯另起炉灶的NeXT，乔布斯也因此华丽回归苹果公司，而这成了苹果公司后来取得一系列令人瞩目成果的开始。

第二，就是在雷士照明蒸蒸日上之际，通过增持股权重夺控制权，这个情景有点像国美创始人黄光裕。在中国，黄光裕同样演绎了创始人是如何赶走职业经理人的故事。虽然黄光裕夺回了控制权，但是这个故事有点让人后怕。

2009年，中国最大的家电连锁企业国美电器职业经理人陈晓与国美创始人黄光裕争夺控制权。这就是媒体报道的“陈黄之争”，当时国美电器创始人黄光裕提议罢免董事局主席陈晓，但是第二大股东贝恩资本却与黄光裕意见相左。

面对VC的逼宫，创始人黄光裕不得不采用通过增持股权比例的方法重夺控制权，以维护自己的话语权。

2009年8月25日，黄光裕方面通过公开市场增持国美电器股票1.2亿多股，这使得黄光裕夫妇在国美电器当中的持股比例上升至35.98%。

事实证明，虽然在“9·28特别股东大会”上黄光裕暂时败北，但股权上的绝对优势还是令他最终如愿——2011年3月，陈晓离职。

而今的山城汉子吴长江，要想夺回控制权，可以借鉴史蒂夫·乔布斯，或者黄光裕的例子。不过，据媒体的披露，吴长江夺回控制权的路非常艰难。在目前雷士照明的股权结构当中，由于吴长江被动平仓，软银赛富与吴长江的持股差距进一步拉大，再加上施耐德坐拥第三大股东之位，一向在资本市场长袖善舞的VC会给吴长江留下重返雷士照明的机会吗？这个问题我们拭目以待。

3. 家族企业业绩好于职业经理人公司

在如今的中国，仍有不少学者把家族制企业视为一种落后的产业组织形式，视为企业进一步生存、发展、壮大的最大阻力。

事实上，家族企业并非落后组织，纵观中外家族企业史我们发现，家族企业的经营业绩要好于非家族企业。即使被教授、学者最不看好的中国家族企业，其业绩同样要好于职业经理人经营管理的公司的业绩。

这样的观点得到了美国财经杂志《福布斯》（*Forbes*）的印证。来自《福布斯》中文版公布的一项调查报告数据显示，尽管中国的家族企业赴香港上市日趋缓和，但是管理者为家族成员的内地赴港上市家族企业的经营业绩，却要普遍好于职业经理人掌管的公司的经营业绩。

数据显示，在香港联交所上市的企业共有1590家，其中中国内地大约有500家。截至2013年6月30日，在香港上市的中国内地家族企业共计194家。

《福布斯》中文版的报告数据还显示，与2012年相比，在香港上市的中国内地家族企业中，由家族成员担任家族企业CEO的比例有所下降，职业经理人开始更受青睐。

尽管如此，管理者为家族成员的129家中国内地赴港上市家族企业的经营业绩要普遍好于职业经理人掌管的公司的经营业绩。由家族成员掌管的企业各项指标均明显高出由职业经理人管理的企业，尤其是净利润3年复合增长率是其3倍。详情见表9-1。

表9-1 香港上市内地家族企业经营业绩概况

类别	企业家数	2010—2012年				
		净利润复合增长率%	总营业收入复合增长率%	净利润率3年平均	ROE 3年平均	ROA 3年平均
港股上市内地家族企业	194	9.3%	21.1%	13.3%	15.9%	6.3%
管理者为家族成员的家族企业家	129	12.2%	21.5%	15.5%	16.0%	7.0%
管理者为职业经理人的家族企业家	65	4.0%	20.6%	10.9%	15.5%	5.5%
家族第一代任职的企业	180	10.4%	21.7%	13.6%	16.1%	6.1%
家族第二代接管的企业	14	−8.5%	15.3%	9.0%	12.5%	6.2%

其实，中国家族企业的经营业绩好于职业经理人经营的公司的业绩并非个案。这主要源于家族企业的经营往往注重长远，而非短期，这与职业经理人的管理模式有很大的不同。

据美国《商业周刊》（*Businessweek*）数据显示，在标准普尔500指数的成分股公司中，家族企业竟然有177个。据《福布斯》杂志公布的世界500强企业，家族企业的比重为37%。

由此可见，家族企业经过多年的风雨洗礼都发展和壮大了。《商业周刊》提供的数据显示，按10年平均值计算，家族企业股东平均年收益为15.6%，比非家族企业股东平均年收益的11.2%高出4.4%；在资产报酬率上，家族企业为5.4%，而非家族企业为4.1%；在公司年收益成长方面，家族企业为23.4%，非家族企业仅有10.8%；比较公司年营业额增长率，家族企业有21.1%，而非家族企业只有12.6%，相差8.5%。详情见图9-2至图9-6。

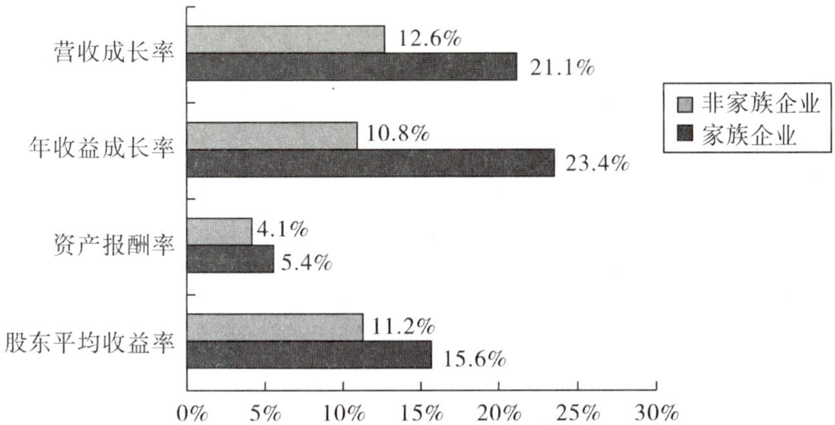

图9-2　家族企业与非家族企业经营成果比较

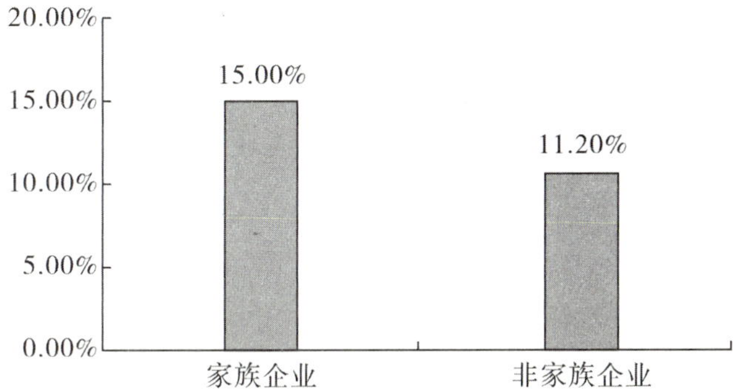

图9-3　股东平均年收益率

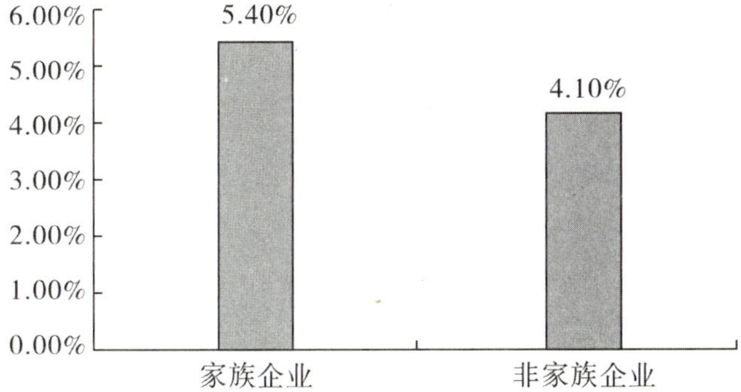

图9-4　平均资产回报率

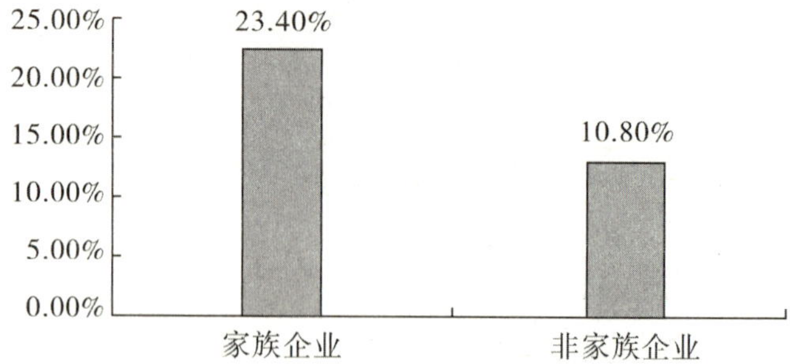

图9-5　公司年收益成长率

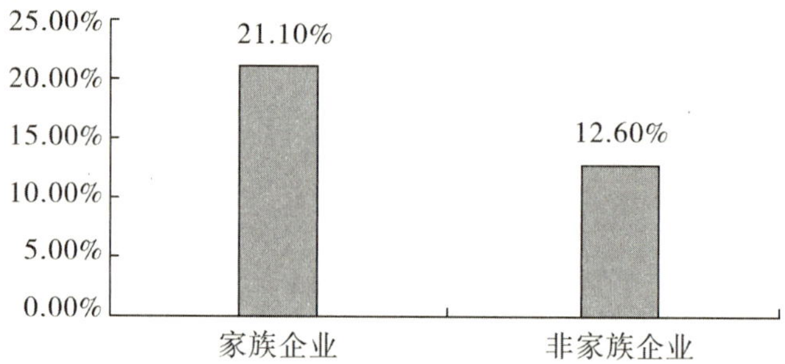

图9-6　年营业额增长率

在欧洲国家，家族企业的经营业绩与此也非常类似，即家族企业的发展指数远高于非家族企业。以德国企业为例，家族企业在过去10年里增长了206%，而非家族企业只上升了47%。数据表现出家族企业的经营方法应有其特别之处，才能呈现如此成果。

上述数据只是家族企业比非家族企业的经营业绩要好的直接证明。这样的观点同样得到了《新闻周刊》（*News Weekly*）的印证。

《新闻周刊》主要分析了位于欧洲的英国、法国、德国、瑞士、意大利和西班牙六国在2010年的主要股价指标，见表9-2。

表9-2 欧洲六国股票指数

（1）伦敦金融时报 100 指数	又称富时 100 指数，英文为 Financial Times Stock Exchange 100 Index， 简写为 FTSE 100 Index。该股票指数创立于 1984 年 1 月 3 日，是英国伦敦证券交易所上市的最大的一百家公司的股票指数
（2）法国巴黎指数	又称巴黎 CAC40 指数，法语为 Cotation Assistée en Continu 40，简称 CAC 40 index。具体指在法国巴黎证券交易所上市的 40 家公司的股票报价指数，是法国股市的重要指标，也是欧洲股市重要指数之一
（3）德国 DAX 指数	德国 DAX 指数包含 30 家主要的德国公司， 由德意志交易所集团推出的一个蓝筹股指数。德国 DAX 指数是全欧洲与英国伦敦金融时报指数齐名的重要证券指数，也是世界证券市场中的重要指数之一
（4）瑞士市场指数	英文为 Swiss Market Index/SMI，显示瑞士股市 (SWX) 的主要指标，由 20 家在巴塞尔、日内瓦和苏黎世证券交易所上市的瑞士大企业的 24 只证券（无记名股票和参与凭证）组成
（5）意大利指数	英文为 FTSE Italia All-Share index，包含富时 MIB 指数、富时意大利中型指数和富时意大利小型股指数， 是投资意大利的重要指数
（6）西班牙马德里指数	英文为 Madrid Stock Exchange General Index，是西班牙经济的风向球，也是投资南欧的重要指标，包含建设、金融服务、通讯、消费、能源与各式商品类股

在表9-2这六大指数里，《新闻周刊》从伦敦金融时报100指数到马德里指数发现，欧洲家族企业的总体走势远优于那些毫无血脉关系的非家族企业。

比如，在德国家族企业中，以宝马、奔驰等为首的家族企业，股票走势的涨幅就达到了206%，而非家族企业仅为47%的增长，涨幅是非家族企业的4.38倍；在法国家族企业中，L’Oreal和LVMH等为首的家族企业，指数涨幅达到203%，而非家族企业的涨幅只有76%，涨幅是非家族企业的2.67倍。

不仅《新闻周刊》证明了家族企业的经营业绩比非家族企业要出色，摩根士丹利公司（Morgan Stanley）同样持有这样的观点。这个观点源于摩根士丹利公司在2007年的一项研究，该研究结果显示，在2000—2006年之间，在标准普尔500指数的上市公司中，家族公司股价的涨幅超过了综合性指数的涨幅。

不管是《商业周刊》《新闻周刊》，还是摩根士丹利公司，它们的研究结果证明了美国哈佛大学商学院两位教授曾在2003年的论文中提出的观点。

该观点指出："家族企业的平均资产收益要比非家族公司高6.65%。目前全球有80%以上的企业属于家族企业，全球500强企业中有37%由家族所拥有或经营，在欧美地区，家族企业所占比例很高，列于榜上的家族企业几乎全分布在欧美地区。在标准普尔500指数的上市公司中，家族公司组建成员进入管理层、董事会或持有主要所有权的公司占30%以上，其中包括沃尔玛这样的大公司。在欧洲大陆的上市公司中，家族持有主要所有权的公司所占比例更高。在巴黎证券交易所前250家公司中占57%，而在法兰克福，前250家上市公司中有51%为家族或个人所有。这些公司包括宝马、保时捷、家乐福和米其林。"

二 最传统的管理理念也有春天

在鼓吹全盘企业管理西化的当下，只有欧美的企业制度是最完美的，也是最有效的，似乎欧美的企业管理制度放之四海而皆准。然而，让这些鼓吹者尴尬的是，屡屡败退的跨国企业在中国因为坚持欧美的现代企业制度而遭遇集体完败，这不得不说是开了一个玩笑。

在东方悠久的历史文化中，中国传统的企业管理理念正在如冬眠动物慢慢复苏。在老干妈，只有一些诸如“不能偷懒”之类的句子，更像是长辈的教诲而非员工必须执行的制度，却让老干妈的业绩稳健发展，在没有董事会、副董事长、副总经理的老干妈，依然高效地运转……老干妈的管理并非个案，还有娃哈哈，宗庆后同样在践行传统的家族企业管理模式，这也便于赢得高速发展的机会。可以肯定地说，越来越多的中国企业家利用最传统的管理理念，正在做强做大他们的企业，他们似乎听到了最传统的管理理念春天的召唤，而奋勇向前。

1. 老干妈没有董事会、副董事长、副总经理

在老干妈这个家族企业中，没有董事会、副董事长、副总经理，只有财务管理部、营销部、综合部、生产厂部和企业管理事务部五个部门，见图9-7。

排在陶华碧下面的就是现任总经理谢邦银和董事长办公室主任王武，谢邦银分管业务，而王武分管行政。尽管分工很明确，但是谢邦银称自己就是个“业务经理”，因为总要扑到一线拼命。可以肯定地说，“老干妈”的管理团队，大概是中国目前大型企业中最神秘的一支，陶华碧对他

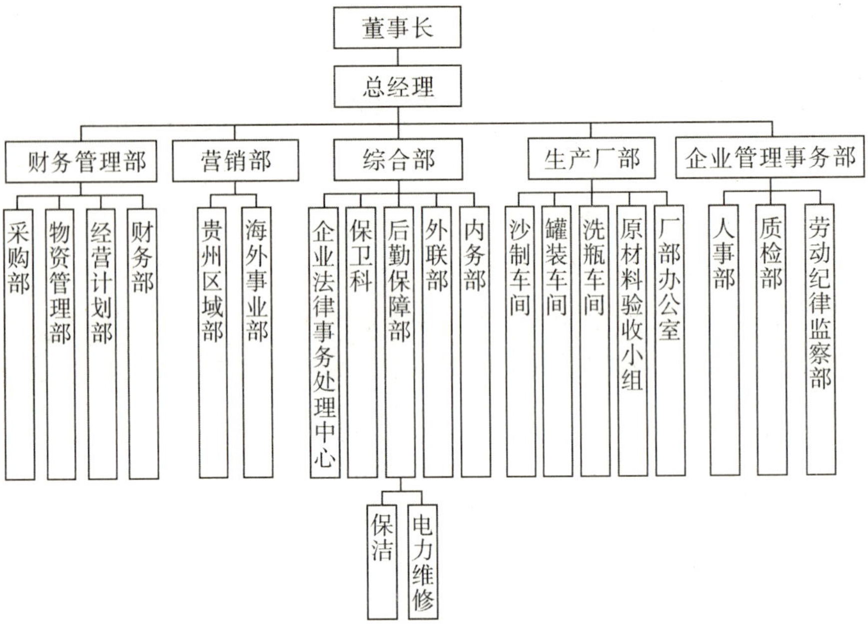

图9-7　老干妈的部门设置

们的一个要求就是不能接受外界采访。坊间对这支团队的评价大致为：忠诚、勤勉、低调。

不可否认的是，任何一个所谓科学的管理架构，也都是在实践中被总结的所谓经验，对企业管理而言，仅仅是企业家的一种本能行为。只要利于企业发展，就没有好坏之分。这就是老干妈这个家族企业不设董事会、副董事长、副总经理的关键原因。

不设副总经理的中国家族企业并非只有老干妈一个，娃哈哈创始人宗庆后同样不设副总经理一职。为了揭开娃哈哈为什么不设副职，《21世纪经济报道》采访了娃哈哈创始人宗庆后："您为何身兼公司董事长和总经理两个职务，而且不设副职？"

宗庆后是这样解释的："计划经济的时候，有的国企领导内讧比较厉害，包括我们当时兼并的罐头厂。如果只有一个领导，哪怕告状打小报告也只有到我这里，不会形成帮派体系。实际上，娃哈哈的部长就相当于副总经理，生产部长管生产，财务部长管财务。我们民主集中制，有事情大家商量、讨论，但拍板之后必须执行，这样效率会比较高。”

正是宗庆后深谙其利弊，娃哈哈才赢得了高速发展的机会。娃哈哈官方网站上这样介绍的：“28年来，公司通过产品创新、技术创新、营销创新，一直保持健康快速的发展势头，各项经济指标连续17年位居中国饮料行业第一。2014年公司克服各种不利因素的影响，仍保持平稳健康发展，全年集团公司完成饮料产量1148万吨，实现营业收入720亿元，实现利税129亿元，上缴税金近60亿元。公司位列2014中国企业500强第165位、中国制造业500强第72位，2014中国民营企业500强第18位，是目前中国规模最大、最有发展潜力的饮料企业。”

2. 长辈式教育，给员工最顶尖的福利

1997年10月5日，老干妈公司正式创建。随之而来的管理问题让陶华碧面临考验。1998年，在长子李贵山的帮助下，陶华碧制定了“老干妈”的规章制度。

我没能找到这份制度的原文，但是据谢邦银说他们没有员工手册，所谓的规章制度其实非常简单，只有一些诸如“不能偷懒”之类的句子，更像是长辈的教诲而非员工必须执行的制度。

用现代管理理念来分析，老干妈几乎是“神”一样的企业，没有非常详尽的管理制度，但是“老干妈”的业绩却如火箭般高速增长。然而，就靠这样一套如美国宪法般没改过一个字的简单制度，“老干妈”始终保持稳定发展，而且公司内部从来没有传出过什么问题。

“陶华碧有自己的一套，你可以叫作‘干妈式管理’。”贵州大学讲师熊昉曾作为记者多次采访过陶华碧。他说：“比如龙洞堡离贵阳市区比较远，附近也没什么吃饭的地方，陶华碧决定所有员工一律由公司包吃包住。从当初200人的小厂开始，‘老干妈’就有宿舍，一直到现在2000人，他们的工资福利在贵阳是顶尖的。”

在熊昉看来，老干妈的高速发展离不开陶华碧给员工的最顶尖的福

利。这样的观点与阿里巴巴创始人马云类似。马云在公开场合谈道："员工的离职原因林林总总，只有两点最真实——（1）钱，没给到位；（2）心，委屈了。这些归根到底就一条：干得不爽。员工临走还费尽心思找靠谱的理由，就是为给你留面子，不想说穿你的管理有多烂，其实他对你已失望透顶。仔细想想，真是人性本善。作为管理者，定要乐于反省。"

在马云看来，21世纪最贵的是人才。马云说："我也告诉大家，21世纪最贵的是人才，企业也一样。绝大多数企业家认为机器比人贵，所以买机器的时候就讨价还价。我们聘请员工的时候，我们没有想过给员工带来好的条件，你没有想的话在21世纪一定活不好。今天以人为本的时代，互联网时代，信息时代，数据时代，一定是人的创造力的时代。"

马云在《善待员工，带来的回报远超过想象》的演讲中，就告诫创业者说："善待你的员工，投资在你的员工身上，他们给你带来的回报远远超过你的想象。什么是人才，人才可以培养出来。什么是养？就是给他失败的机会，给他成功的机会。你要看着，不能让他伤筋动骨，不能让他一辈子喘不过气来。"

不管是陶华碧还是马云，都清楚善待员工的重要性，特别是陶华碧，由于没有上过学，完全凭借人性的本能来践行，我个人觉得陶华碧比马云更为伟大。

3. 最实用的管理手段才是最有效的

在融资、上市、资本经营满天飞的当下，各种借鸡生蛋的神话被风险投资商、投机的企业家、媒体疯传，一旦企业家不融资、不上市、不进行资本经营，似乎就不能成为他们眼中的"企业家"。

然而，偏安贵阳的老干妈创始人陶华碧却不信这一套，采用现款现货的经营模式，尽管规模不是很大，但是在金融危机后时代的今天，创造了让人刮目相看的业绩。

在公开的报道中，陶华碧的"我从不欠别人一分钱，别人也不能欠我一分钱”的经营思想出现在媒体的头版头条上。

当然，陶华碧的这番言论自然招致风险投资商、投机的企业家的诸多批评。有的认为，陶华碧由于没有上过学，无法理解融资、上市、资本经营对老干妈的积极作用，因此得出结论：老干妈没有融资、上市、资本经营而失去做大的机会。有的认为，在当下，不融资、不上市、不资本经营是阻碍老干妈发展的绊脚石。

在这些人看来，国外的企业管理经验才是最好的管理范本。正是因为这样的鼓吹理论，使得中国很多企业家热衷于读“洋管理类图书”。在这些企业家看来，“洋管理类图书”代表的是当今世界上最先进的管理思想。

事实上，这样的观念是不全面的，任正非就非常反对这样的观点。在任正非看来，管理功夫应该在“诗外”。

根据一个对比调查数据显示，中国的企业经营者读得最多的是管理类书籍，而国外管理者则爱读历史、哲学等人文类书籍，我们常常会感叹那些洋经理们超一流的职业化水平及其在经营管理上驾轻就熟、游刃有余，恐怕这与他们“诗外”的功夫是分不开的。

任正非也是如此。据公开资料显示，任正非从来不看纯管理类的书籍，却对历史、哲学等人文类的书籍情有独钟，如《胡耀邦与平反冤假错案》《不眠的硅谷》，以及一些军事题材的电影和电视剧，如《南征北战》《莫斯科保卫战》《身份的证明》《大秦帝国》《汉武大帝》《亮剑》等。

2012年11月，华为常务董事会的民主生活会如期召开，在会上，有人提议对任正非进行评价并投票，见表9-3。

表9-3 投票评价任正非

序列号	问题	投票情况
1	老板（任正非）懂技术吗	7 人投否定票
2	老板懂市场吗	7 人投否定票
3	老板懂管理吗	1 人投否定票

在这次投票中，投“老板懂管理”否定票的是时任华为副董事长徐直军。徐直军敢于直言老板任正非的问题，即剥去了“老板的华丽外衣”，还原了真实的、有所为有所不为的、带有强烈任氏风格的任正非对技术、市场乃至于企业管理并非都懂，只能算是“半瓶子醋”的任正非。

尽管这次投票客观地评价了任正非，但是任正非的确是一位伟大的中国企业管理思想家。正如任正非自己评价那样：“我20多年主要是务虚，务虚占七成，务实占三成。”

在管理中，任正非将自己的角色定位于学习、思考、交流、传播。任正非解释说：“资源是会枯竭的，唯有文化生生不息。”

在创办华为多年中，任正非走遍了全球绝大多数国家，从最落后到最发达。与全球数百位政治人物、商业巨子、学者、竞争对手、科学家乃至艺术家、寺院中的僧侣等各色人物有过无数沟通、观点交流的任正非，无疑有着更广阔的视野。任正非大概是中国企业家中与全球各界人士交流最多、交流层次最高的第一人，这使得他成为中国最卓越的企业思想家之一。

在华为内部讲话中，任正非时常鼓励和要求华为高层：“要敢于一杯咖啡，与世界上的大人物撞击思想。地球村就是一个开放式大学，处处有学问。”

可能读者会问，为什么是“咖啡”（这是一个形象的说法，是指会议中间休息时，端杯咖啡到处乱晃，不知道你会碰到什么人，交流几句），而不是茶？“茶”更具东方韵味，“咖啡”则是世界文化。

三 道德和亲情文化散发熠熠光辉

20世纪90年代末，欧美一大批企业家呼吁，企业家要适度放宽制度化管理的桎梏，重启情感化管理模式。事实上，这种所谓的西式管理是中国家族企业最常用的道德和亲情文化的一个变异版本，就像沃尔玛的连锁经营一样，早在500前，中国的商人们已经开始连锁经营，它们有异曲同工之妙。这就是我浓墨书写陶华碧采用亲情文化管理员工的原因，同时说明中国道德和亲情家文化依然在散发熠熠光辉，并非一潭死水。因此，本节详细地介绍陶华碧的家族企业管理模式，希望给盲目采用欧美制度化管理的企业家提供一个反思和借鉴的案例。

1. 靠心算管财，靠亲情管人

在管理上，陶华碧采用“靠心算管财，靠亲情管人”的管理手段，尽管这样的管理方法较为原始，却收到了卓越的成效。据老干妈现任总经理谢邦银和董事长办公室主任王武介绍，陶华碧的记忆力和心算能力惊人，财务报表之类的文件虽然完全不懂，老干妈也只有简单的账目，由财务人员念给她听，陶华碧听上一两遍就能记住，然后自己心算财务进出的总账，立刻就能知道数字是不是有问题。

财务管理对陶华碧来说，问题不大，主要的问题是人员的管理。在老干妈的发展和壮大过程中，随着员工的增加，如何管理好公司成为陶华碧不得不解决的棘手问题。

在经过深思熟虑之后，陶华碧实行管理亲情化，自始至终对员工进行“感情投资”的管理“绝招”，让老干妈公司有效地跨越初创企业的规模。

最初，陶华碧让李贵山制定“土政策”时，就把这一招视为最基本的要素。果然，这种亲情化的“感情投资”，使老干妈的凝聚力只增不减。在员工的心目中，陶华碧就像妈妈一样可亲可爱可敬；在老干妈公司里，没有人叫她董事长，全都叫她“老干妈”。

老干妈公司拥有2000多名员工，陶华碧能叫出60%的人名，并记住其中许多人的生日，每位员工结婚她都要亲自当证婚人。

除此之外，陶华碧还一直坚持她的一些“土原则”：隔三岔五地跑到员工家串门；每位员工的生日到了，都能收到陶华碧送的礼物以及一碗长寿面加两个荷包蛋。

对于很多留洋的海归企业家来说，陶华碧的管理过于“小儿科”，然而，让这些海归不明白的是，过于“小儿科”的管理模式却在欧美国家的家族企业中盛行不衰。近年来家族企业在全球性的排名中，上榜的欧美家族企业逐年增加，而且业绩斐然。为什么欧美等国家的家族企业能取得如此优越的业绩？

罗伯特·科恩德教授认为，欧美家族企业成功的因素很多，但是其中一个很重要的原因就是将家庭关怀特质渗入现代企业管理制度中，这是决定欧美家族企业，如宝马、奔驰、西门子、拜耳等家族企业百年不衰的一个重要原因，也是名列世界500强的一个重要因素。

可能读者会问，“德国制造”的“百年老店”究竟靠什么获得成功呢？经过我们团队长时间的研究后发现，那就是家庭关怀特质渗入现代企业管理中，从而更好地担负起社会责任，具体表现有以下几个，见表9-4。

表9-4 家庭关怀特质渗入现代企业制度的具体表现

（1）提供灵活的工作方式	家族企业为了满足不同员工的工作特点和需求，往往愿意给员工提供灵活的工作方式和休假时间。宝马公司就为员工提供了300多种不同的工作方式，完全考虑到不同员工的工作特点和需求，比如非全日制工作、调休、远程、长期休假等
（2）加强员工培训	家族企业有着持续经营的“使命感”，而家族企业在这样的背景下会把加强员工培训作为提升组织效率，降低经营成本的主要方式。研究发现，家族企业通过加强员工培训，从而提升员工的岗位知识和技能
（3）提供具有竞争力的薪资和工作环境	家族企业为了减少离职率，往往给员工提供在当地具有竞争力的薪资和工作环境
（4）鼓励员工参与经营管理	很多家族企业都鼓励员工参与经营管理，特别是公司的一些重大决策都是建立在互信的基础上。家族企业这样做既保证了决策的科学性和有效性，又调动了员工的工作积极性和主动性。研究发现，德国是西方国家实行职工参与企业管理制度最好的国家，这也是第二次世界大战后德国经济发展较快的一个主要因素
（5）始终把社会责任放在第一位	很多家族企业一直把企业社会责任和盈利提高到战略的高度，而且始终把企业社会责任放在第一位。在某些特定的情况下，家族企业往往不惜牺牲企业利益来保证员工利益。当然，家族企业这样做不仅能保持良好的公众形象和口碑，还能在激烈的市场竞争中立于不败之地
（6）把家族企业与员工融为一体，共同发展	家族企业把企业与员工融为一体，共同发展，使员工在为企业创造价值的同时，体现自己的人生价值，实现自己的职业梦想。这样，员工才能够以企为家，与企同行，与企俱进

从表9-4可以看出，家庭关怀特质渗入现代企业管理中是家族企业成功的一个重要因素，对此，福特汽车创始人亨利·福特在接受媒体采访时强调：“爱你自己的员工吧，他们会加倍回报企业的。”

1914年1月5日，福特汽车公司董事会通过决议，郑重宣布：“本公司将实现5美元工作日！任何合格的福特汽车厂的工人不论年纪，不分工种都能领到他自己的一份。”同时，公司废除每天工作9小时的制度，取而代之的是每天8小时的三班倒制度。亨利·福特的管理经验印证了德国企业百年不衰的传奇，也给予中国家族企业创始人足够的启示。

2. 陶华碧的“土管理”

在老干妈公司，很多管理方法都显得很土气，却非常管用。陶华碧时常对员工说：“我自己是‘老土’，但你们不要学我一样。”

如前所述，由于陶华碧没有文化，不懂得现代企业制度化管理，也不懂得如何与银行打交道贷款，但是这些问题对于陶华碧来说，压根就不是问题，她始终能用自己的“土办法”解决。比如，在公司内部的管理上，陶华碧用自己的“土办法”，实行亲情化管理。在陶华碧看来，企业老板和员工之间都是平等的，是讲感情的。

为了解决员工的吃饭问题，2000多名员工一律包吃住，这一传统直到现在也没变。不仅如此，每个员工生日时都能吃到她准备的长寿面，结婚时她也要到场证婚。没有一点架子，因此员工亲切地称她“陶阿姨”或者叫她“干妈”。

陶华碧的管理方法尽管很土气，却比世界500强完善的企业管理制度实用。在日本很多长寿企业中，传统的家族文化依然在发挥着巨大的作用，同时促进了日本企业人本化管理。在对很多日本家族企业的研究中我们发现，员工一旦归属于一个团体，就会全身心地投入工作。

这主要归功于日本家族企业让员工拥有了安全感和归属感。一旦招聘某个员工，日本企业就要为员工提供各种恩惠，员工入保健工会、住公司住房、参加公司职员的共同旅行、职工退休有养老金等。正是日本的人本化管理，提高了日本企业的岗位绩效。

日本企业凭借“仁爱”“贵和”等原则，将修身（注重员工终身培训）、齐家（单子继承制与终身雇用）和治国（对社会负责）三者紧密串联起来，在内部保持了纵向的和谐与横向的弹性，形成了企业“慈”、员工“忠”的日本长寿企业特点。

的确，日本企业是非常重视员工利益的，具体体现在，只要企业正常经营，那么对企业内部所有员工都一视同仁。即使员工退休了，企业也会给予他们照顾，甚至给这些员工养老。日本的经营方式与西方欧美国家企业明确的契约制度存在着天壤之别。

事实上，日本企业非常注重员工利益，如住友集团，1750年，住友的家规法中就明确规定，在住友企业中，必须善待员工。即使作为住友的掌柜，也必须尊重和善待员工，绝对不允许不尊重员工的事情出现。当员工无法胜任某个岗位的工作时，掌柜就必须为该员工调整到可以胜任的岗位。

在日本企业中，提升员工对企业的忠诚度，方法有如下两个：第一，终身雇用制和年功序列工资制；第二，尊重员工，注重员工利益。当招聘的某个员工不能胜任某个岗位时，企业通常是将其调整到可以胜任的岗位，而不是将该员工辞退。

当员工生病等需要帮助时，员工之间必须给予其相应的关心和照顾。一旦某个员工不照顾生病的员工，这样的行为会被视为对企业的不忠诚。广东第二师范学院副教授许锡良撰文指出，宗教神道教文化对日本的影响也不可小看。日本人不是忠于老板这个人，而是忠于整个公司。

其实，不止住友公司重视员工利益，松下公司同样重视员工利益。

在日本松下公司，作为创始人的松下幸之助，除了注重新技术的引进、消化和自主研发，还非常重视人才。为此松下幸之助坦言：松下电器公司是制造什么的？松下电器是制造人才的地方，兼而制造电气器具。人才是企业成败的关键，唯有顺其自然，不凭自己的好恶用人，容忍与自己个性不合的人，并尽量发挥其优点，才能造就人才。提拔年轻人时，不可只提升他的职位，还应该给予支持，帮他建立威信。企业即人，成也在人，败也在人。

在松下公司，松下幸之助非常注重员工的利益。早在1960年，松下幸之助就针对员工利益做出指示，并在经营方针发表会上宣布该项决定："5年以后，松下电器将采用5天工作制，同时薪水不能比其他同行少，这将成为公司的基本经营方针。”

1965年，松下电器执行松下幸之助的决策，开始推行5天工作制。不仅如此，1967年，松下幸之助再次针对员工利益做出指示，“今后5年，松下电器要在保持稳定的情况下，在经营和工资上超过欧洲，赶上美国。”

1971年后，松下电器大幅度提高员工的工资水平，甚至与欧洲工资最高的德国持平。1976年，松下电器的员工工资水平超过了欧洲，缩短了与美国工资的差距。

松下幸之助注重员工的工资水平，以至把提高员工工资作为松下电器经营的战略之一。这是松下幸之助的经营秘诀所在，也是对国家贡献的具体体现。松下幸之助说：“工资提高了，产品质量就会随之提高，日本的社会生活水平也就会相应提高——像公司这样的经济实体正是为这一目的而存在和活动的。”

在日本企业中，不管是住友公司，还是松下电器，都非常重视员工利益，正是重视了员工利益，员工才以企业为家，为提升企业的竞争力而奋斗不止。正因为如此，才造就了数不胜数的百年企业。

3. 苦活累活都亲自干

在创业初期，陶华碧跟很多创业者一样，为了节约成本，很多苦活累活都亲自干。

众所周知，陶华碧与绝大多数家族企业创始人一样，在创业的过程中，其核心成员大都由家族成员组成。这样的组成模式就决定了合理的专业分工，因为在创建老干妈时，由于家庭成员的教育背景或工作经历大都各不相同，这就必然要求家族成员之间按照各自熟悉的专长，及其专有技术和业务经验来选择担任不同的岗位。

在老干妈公司，长子李贵山主管老干妈的市场拓展，次子李辉负责生产。而陶华碧负责战略制定。但是在创业初期，陶华碧的岗位职责就不是那么明显。

1996年7月，贵阳的夏天依然是凉爽爽的，不过，此刻的陶华碧却很难安静下来，因为陶华碧借到南明区云关村委会的两间房子，招聘了40名工人，创办了食品加工厂，专门生产麻辣酱，定名为“老干妈麻辣酱”。

陶华碧当上老板后，对她来说，激发家族成员的积极性比较容易，因为合理的资源配置是建立在家族成员共同商议的基础上的。之后，在家族企业的实际经营中，家族成员岗位也会随着各自的专业技能而略有调整。事实上，家族企业整个创业团队的核心人物相比其他成员，经验可能更为全面，或者主导目标实现的愿望更强烈。与非家族企业相比，家族成员在企业生存和发展中起着更大的作用。

要想激活非家族成员的积极性，就成为陶华碧必须解决的问题。在陶华碧看来，管好工厂的前提是合理的管理模式，由于陶华碧大字不识一个，到底如何管呢？一番苦思冥想后，陶华碧想出了一个“土办法”——“我苦活累活都亲自干，工人们就能跟着干，还怕搞不好？”

陶华碧不仅这样说，而且还这么干，什么事情都亲力亲为。在创业初期，辣椒酱生产全都是手工操作，其中捣麻椒、切辣椒时溅起的飞沫把人的眼睛辣得不停地流泪，非家族成员的工人自然都不愿干这个工作。

陶华碧知道这些员工的心思，就亲自动手，一手挥着一把菜刀，嘴里还不停地说：“我把辣椒当成苹果切，就一点也不辣眼睛了。”

这些起初不愿意干的员工听了，开始笑了起来，慢慢地，也开始纷纷拿起了菜刀……那段时间，陶华碧身先士卒地干，结果累得患了肩周炎，10个手指的指甲因搅拌麻辣酱全部钙化了。当非家族成员的员工看到作为老板的陶华碧都这么拼命苦干，自然也就跟着卖力地工作。在中国企业家中，像陶华碧这样的企业家举不胜举。

1985年，对于浙江萧山人徐传化来说，这一年无疑是不幸的，其子徐冠巨突然患上了溶血性贫血病。在短短的两个月内，徐传化就欠下2.6万多元的外债。这对于20世纪80年代的中国普通农民家庭而言，是非常不幸的事。

为了还清给儿子治病的外债，徐传化不得不另辟蹊径。徐传化创办了一个家庭手工作坊，主要生产液体洗涤剂。

徐传化跟其他创业者一样，在创业初期，艰难程度难以想象，由于没有反应锅，徐传化就用水缸来替代；由于没有锅炉，徐传化就用铁锅加柴烧来替代；由于没有搅拌机，徐传化就用人工来替代。

在创业初期，徐传化掌握着企业的方向盘，决定着企业的经营方向。此刻，作为创始人之一的徐冠巨尽管有病在身，也开始扮演起重要的经营角色。

在创业企业中，徐传化和其子徐冠巨的基本分工原则是，徐传化负责对外工作，而徐冠巨负责内务。

徐冠巨在接受媒体采访时回忆说："1986年，改革开放才开始不久，许多领域还有很多计划经济的残余，当时的原料很难采购，我父亲要通过一些单位的熟人，才能买到一些，而且量很小。销售那块，也是我父亲负责。当时我一边养病，一边做企业内部工作，比如财务会计、企业日常管理、宾客接待等，另外，我还学习新工艺，研究开发新产品。"

1986年10月，徐传化父子设备简陋的家庭作坊诞生了。徐冠巨在接受媒体采访时回忆说："一开始因为资金少，我们只能晚上生产，白天用自行车驮着液体洗涤剂到各村各户去叫卖，再把卖的钱购原料再生产，如此循环往复。"

尽管这个家庭作坊设备简陋，却取得了不错的业绩。1987年，销售额达到了33万元，利润超过3万元。徐传化不仅还清了所欠的债务，还成了浙江萧山当地先富起来的典型。而让徐传化欣喜的是，徐冠巨原本很难治的病，却大有好转。

由于液体洗涤剂供不应求，1988年，徐传化父子租用村里房子作厂房，扩大生产规模。此时徐家的一些亲戚朋友也加入生产和销售中来，家庭作坊逐渐演变为家族型企业。1989年，徐传化父子和他们的企业又向前跨出一步。他们向当地政府租用了3亩地，盖起了厂房，安装了锅炉。在继续拓展液体洗涤剂市场的同时，产品开始向印染助剂类扩展，企业规模继续扩大，职工人数已达几十人。从此之后，徐传化父子的企业逐渐走上正轨。

不管是陶华碧还是徐传化，很多创业的想法大都是由家族企业的核心人物率先提出来的。由于家族企业的核心人物通常都具有专有技术和非常强的业务经验，并在家族成员中间具有权威性，所以更容易受到家族成员的广泛认可。

一般，在家族企业中，领导者多由家庭中的父亲、兄长、叔叔等角色担任。这样，在家族企业的创业过程中，家族式企业管理模式的格局就已经基本形成。纵观众多优秀的家族企业，核心人物的专有技术和业务经验非常强，主要负责企业的总体事务，在业务方面倾向于主抓关键环节，如产品研发、市场营销等。但由于其个人的专有技术和业务经验的限制，其家族成员则担当起原料采购、财务、营销、销售等企业核心层面的负责人。

在家族企业的发展过程中，家族成员由于具有专有技术和极强的业务经验，所以这样一个家族式创业团队在创业初期甚至在很长的一段时间内都是具有很强的竞争优势。家族企业的每一个工作岗位，其家族成员都需要拥有相应的工作技能及丰富的业务经验，而这种能力大都是体现在专业技能方面。因此，家族成员拥有娴熟全面的专业技能是家族企业做强、做大的关键因素，也是成为世界500强企业的有力保证。

附录　老干妈所获荣誉

1998年

被南明区授予“先进纳税户”称号
被南明区地方税务局授予“先进纳税大户”称号
系列产品被贵阳市政府评定为“贵阳市名牌产品”
被贵阳市政府授予“质量管理先进企业”称号
被贵阳市技术监督局评为“贯彻实施技术监督法规先进企业”
产品“老干妈风味豆豉”被评为“贵州省名牌产品”

1999年

产品“老干妈风味油辣椒”被评为“贵阳市（推荐）名牌产品”
产品“老干妈风味油辣椒”被评为“贵州省名牌产品”
被贵阳市委、市政府评为“贵阳市十强民营企业”
被南明区评为“经济工作先进单位”
被南明区评定为“十佳纳税企业”
“陶华碧牌老干妈”商标被评为“贵州省著名商标”
被中国食品工业协会授予“全国质量效益型先进企业”称号

2000年

被评为“贵阳市南明区重点企业”

被评为“贵阳市非公有制经济先进私营企业”

被贵州省委、省政府授予“贵州省非公有制经济‘明星企业’”暨“一九九九年度发展乡镇企业‘先进企业’”称号

产品“老干妈鲜牛肉末”被评为“贵州省名牌产品”称号

被国家农业部评为“全国乡镇企业质量管理先进单位”称号

2001年

被贵阳市政府授予“党建文明先进单位”称号

荣获“‘十强’纳税大户”称号

被贵州省农业厅等十二厅局评定为“贵州省农业产业化经营重点龙头企业”

被中国食品工业协会评定为“中国农业产业化经营20大龙头食品企业”称号

系列产品被评为“2001中国国际农业博览会名牌产品”

2002年

被贵州省国家税务局和贵州省地方税务局共同评定为“诚信纳税企业”

被贵阳市人民政府授予“非公有制工业企业党建先进单位”称号

被贵州省委、省政府授予“1999—2002年度文明单位”称号

被贵州省委、贵州省人民政府评为“发展乡镇企业先进单位”

年度纳税额在国家税务总局统计的排行榜中名列中国民营企业纳税第五名

通过ISO 9001质量管理体系认证

2003年

被贵阳市政府授予“党建文明先进单位”称号

荣获“‘十强’纳税大户”称号

被贵阳市委、市政府评为“‘十佳’明星企业”

成为“贵州质量诚信企业联盟行业独家发起单位”

被评为“贵州省食品工业杰出企业”

注册商标“老干妈”被评为“贵州省食品工业著名品牌”

被贵阳市南明区委、区人民政府授予“纳税突出贡献企业”称号

被贵阳市人民政府授予“非公有制工业企业党建先进单位”

年度纳税额在国家税务总局统计的排行榜中名列中国民营企业纳税第十名

2004年

产品“油辣椒”被评定为“绿色食品”

被中国保护消费者基金会评为“质量放心、用户满意”双优品牌

产品“鲜肉丝豆豉”和“红油腐乳”分别荣获贵阳市优秀新产品三等奖和鼓励奖

荣获“2003年度重点非公有制经济优势企业”称号

注册商标“老干妈”被贵州省工商局评为“贵州十佳著名商标”和“消费者喜爱的品牌”

被国家农业部、发改委、财政部等8部委认定为“农业产业化国家重点龙头企业”

被中国食品安全年会组委会授予“全国食品安全示范单位”称号

被贵州省国家税务局和地方税务局共同评为“A级纳税信用企业”

年度纳税额在国家税务总局统计的排行榜中名列中国民营企业纳税第二十五名

通过ISO 14001环境管理体系认证

2005年

被评为“首届贵州省50家诚信单位”称号

被评为“依法治厂示范单位”

被评为“贵州省知识产权试点单位”

被国家农业部、发改委、财政部等8部委评为“全国农业产业化优秀重点龙头企业”

被授予历届中国食品博览会参展产品“最佳成果奖”称号

产品“鲜肉丝豆豉”“香辣脆”“辣三丁”和“辣子鸡”被评为“贵阳市（推荐）名牌产品”

被农业部评为“全国农产品加工示范企业”

被贵州省国家税务局和地方税务局共同评为“A级纳税信用企业”

年度纳税额在国家税务总局统计的排行榜中名列中国民营企业纳税第三十七名

2006年

通过HACCP认证

系列产品荣获2006“开磷杯”多彩贵州旅游商品两赛一会贵阳市选拔赛旅游商品设计大赛优秀奖

系列产品荣获2006“开磷杯”多彩贵州旅游商品设计大赛特别提名奖

荣获“中国名牌产品”称号

荣获2005—2006年度全国食品工业优秀龙头食品企业称号

2007年

“陶华碧老干妈”商标荣获驰名商标

2014年

老干妈入选2014年中国最有价值品牌500强榜单，以160.59亿元的品牌价值名列第151位

参考文献

［1］马元月，彭梦飞.谁为上市公司“圈钱”买单　减持潮后再刮定增风［N］.北京商报，2015-06-15.

［2］陈璐.当中关村创客遇上“老干妈”［N］.中国青年报：09版，2015-02-03.

［3］蔡鋆.“老干妈”：小辣椒的大文章［J］.投资北京，2013（4）.

［4］陈芳.独家对话老干妈：我不坚强，就没得饭吃［EB/OL］，2015.http：//news.ifeng.com/exclusive/elite/special/laoganma/.

［5］产品中国网.我们为什么追求产品的极致体验？［EB/OL］，2015.http：//www.pmtoo.com/opinion/2013/0731/3256.html.

［6］邓舒馨.我国知名商标遭遇境外抢注潮［N］.中国消费者报，2014-07-18.

［7］邓琼瑶.从不打广告的老干妈为何这么火？［EB/OL］，2015.http：//media.sj998.com/yuanchuang/444771-all.shtml.

［8］董寒雪，沸腾，费霄雨等.老干妈的营销实战［EB/OL］，2015.http：//www.docin.com/p-994317118.html.

［9］冯晓青，刘友华.从“老干妈”一案反思我国商标注册与保护制度［J］.法学，2001（10）.

［10］方奕晗.文凭分量只占成功比例的10%精英多来自非名校［J］.中国青年报，2008-05-26.

［11］胡喜盈，唐伟.义乌商人一分钱利润的启示.经纪人，2006（1）.

[12] 郭静静，张守红.老干妈的营销定位分析[J].现代营销（学苑版），2013（6）.

[13] 郝北海."老干妈"：逆营销下塑造商业传奇[N].科技日报，2015-01-13.

[14] 郝北海.老干妈："逆营销"下你不知道的事[J].农家参谋，2015（4）.

[15] 黄语贤.为什么爆红的老干妈不用家乡的辣椒.商界，2015（2）.

[16] 华青剑."老干妈"陶华碧：有多大的本事就做多大的事[EB/OL]，2015.http：//finance.ce.cn/rolling/201404/28/t20140428_2727459.shtml.

[17] 经宝.不贷款、不融资、不上市——"老干妈"不上市给政府和企业的启示[N].企业家日报：09版，2014-04-25.

[18] 姬万里.洞见：互联网时代，我们能做什么[N].经济视点报，2014-03-27.

[19] 姜子谦.老字号企业是如何经营品牌的[N].北京商报，2012-08-08.

[20] 金阳时讯."老干妈"——走向世界的民族品牌[N].金阳时讯，2008-11-04.

[21] 林剑萍.偏执狂与客户体验[J].中国对外贸易，2012（10）.

[22] 林冈.被低估的"老干妈"[N].青岛日报：第08版，2013-03-04.

[23] 力鸿.集中一点——"小而专、小而精"战略[J].中国中小企业，2002（3）.

[24] 李国文.功夫在诗外[N].中华读书报，2006-05-10.

[25] 李国俊.贵阳南明"老干妈"公司品牌战略管理研究[D].贵州大学，2008.

[26] 李春晖.李途纯：太子奶和三聚氰胺事件都是外国间谍制造的[J].中国企业家，2014-01-03.

［27］刘锡华，况怡兰.陶华碧老干妈书写辣椒王国传奇［J］.瞭望，2007-03.

［28］刘雯.论中国民族品牌发展［J］.现代商贸工业，2009（11）.

［29］刘子阳. “老干妈”是怎样炼成的［N］.法治周末，2013-02-19.

［30］刘宇鑫.同仁堂中药炮制技艺计划申遗［N］.北京日报，2013-03-27.

［31］刘青松.人民不会永远沉默：真话［M］，北京：九州出版社：2009.

［32］刘永烜.稻盛和夫与罗红的相遇：匠人精神［EB/OL］，2013. http：//www.pyrc.net/show.asp？ id=6523.

［33］李丙羊.口碑营销魔与道［J］.企业家信息，2013（1）.

［34］李伟.抓住品牌“老干妈”焕发青春［J］.中外企业家，2013（5）.

［35］伊查克·爱迪斯.企业生命周期［M］.北京：中国社会科学出版社，1997.

［36］马文凤.呼唤诚信：全社会的心声［N］.河北经济日报，2009-06-13.

［37］企业观察报. “老干妈”陶华碧与资本市场绝缘为何这么牛?［N］企业观察报，2014-12-09.

［38］仇晓东，段任飞.屡打不止贵阳“老干妈”饱受侵权之苦.中国商报知识产权导报，2013-10-10.

［39］船桥晴雄.日本长寿企业的经营秘籍［M］.北京：清华大学出版社，2011.

［40］王成荣，李诚，王玉军.老字号品牌价值［M］.北京：中国经济出版社，2012.

［41］施杏庄.近代果报见闻录之王和尚［M］.莆田：福建莆田广化寺，1993.

［42］陕西广播电视台《都市快报》.海底捞里吃到假冒“老干

妈”食客碰巧是代理商［EB/OL］，2015.http：//www.sn.xinhuanet.com/2014-04/16/c_1110269002.html.

［43］搜食网.“老干妈”陶华碧的传奇故事［EB/OL］，2015.http：//www.101ko.com/? viewnews-88526.

［44］沈一冰.老干妈不上市真是为了“不骗人钱”吗？［EB/OL］，2015.http：//upinquan.jrj.com.cn/2015/01/12104418683744.shtml.

［45］唐福敬，黄莎莎.有华人的地方就有“老干妈”——陶华碧一家调制的贵州味道［J］.当代贵州，2008（24）.

［46］田涛，吴春波.下一个倒下的会不会是华为［M］.北京：中信出版社，2012.

［47］吴晓波.激荡三十年：中国企业1978—2008年（上）.北京：中信出版社，2007.

［48］吴晓波.大败局［M］.杭州：浙江人民出版社，2001.

［49］吴晓波.张瑞敏的解构主义转型［N］.创业邦，2014-07-15.

［50］吴旭.老干妈案例分析［EB/OL］，2015.http：//www.chinadmd.com/file/vpr6txvwvxxvppcuo6prexso_1.html.

［51］吴红雅.风雨十载创业路天道酬勤老干妈［N］大众科技报，2009-03-26.

［52］王志文.好一个“老干妈”［N］.中国国门时报，2012-11-05.

［53］王成荣，李诚，王玉军.老字号品牌价值［M］.北京：中国经济出版社，2012.

［54］王思语.俏江南做成了“俏江难”恐张兰董事长地位不稳［N］.华西都市报，2015-04-08.

［55］王薇薇.37亿老干妈的三不政策：拒绝资本　更拒绝政府的钱［J］.福建质量管理，2014（8）.

［56］王薇薇.老干妈成资本市场绝缘体：拒绝上市　政府找也不行［N］.理财周报，2014-03-31.

[57] 王达.司法权与行政权关系之探讨——对“老干妈”一案二审判决的异议[J].法律适用（国家法官学院学报），2001（10）.

[58] 谢怡晴.老干妈的另类成功学：绝缘外来资本[N].时代周报，2014-04-10.

[59] 谢怡晴.老干妈的另类成功学[J]全国商情，2014（5）.

[60] 小生.老干妈狙击战[J].全国商情，2014（12）.

[61] 新浪博客.诚信——企业用人的第一要着[EB/OL].http：//blog.sina.com.cn/s/blog_3ddc60e401000buz.html.

[62] 徐杰.浙江多家企业遭银行抽贷破产：2000万高利贷须还6000万[N].每日经济新闻，2013-02-01.

[63] 许锡良.从日本家族企业契约文化，破解日本发展之谜[EB/OL]，2013.http：//www.xttop.com/sz/21413.html.

[64] 叶檀.华为和老干妈坚持不上市为何赢得掌声？[N].每日经济新闻，2014-05-12.

[65] 袁家菊.基于波特模型的我国农产品加工工业的竞争强度与竞争战略——以“老干妈”企业为例[J].安徽农业科学，2011（5）.

[66] 杨沁锟.品牌混战：老干妈如何狙击“老干爹们”？[N].商界，2014（10）.

[67] 杨柳.贵湘俩“老干妈”再起商标纷争[N].中国知识产权报，2014-01-10.

[68] 杨晓琳.“老干妈”品牌建设的思考[J].中国新技术新产品，2009（3）.

[69] 云衣.老土“老干妈”[N].城市经济导报，2013-03-19.

[70] 朱国栋.徐冠巨新传：再造传化物流帝国[N].上海证券报，2007-10-16.

[71] 朱剑平，王春.亚星化学山东海龙陨落大股东“抽血”不断[N].上海证券报，2012-09-25.

[72] 中国企业家.任正非总结华为成功哲学：跳芭蕾的女孩都有一双粗腿[J].中国企业家，2014（10）.

［73］中国企业家网.任正非：华为为什么不上市？［EB/OL］，2014.http：//www.iceo.com.cn/renwu/35/2012/1129/260809.html.

［74］中国经营网.“老干妈”是如何炼成的［EB/OL］，2015.http：//www.cb.com.cn/companies/2014_0410/1053345.html.

［75］中国门都网.门窗幕墙企业切忌盲目扩大规模［EB/OL］，2015.http：//www.chinamendu.com/InformationShow/4907.

［76］周科竞.上市公司圈钱不能太无耻［N］.北京商报，2011-05-20.

［77］周益帆.“贩卖儿童判死刑”刷爆朋友圈　珍爱网营销被指没底线［EB/OL］，2015.http：//china.cnr.cn/xwwgf/20150618/t20150618_518884683.html.

［78］仲继银.松下幸之助的经营秘学：坚守“自来水哲学”［EB/OL］，2013.http：//www.iceo.com.cn/renwu2013/2013/0926/271240_2.html.

［79］张平.老干妈拒绝上市让谁汗颜［N］.城市导报：14版，2014-04-15.

［80］张翔.中国家族企业业绩好于职业经理人公司［N］.南宁晚报，2013-09-24.

［81］杰笃.老干妈从不打广告　为什么火遍全世界［J］.中国中小企业，2015（1）.

后　记

当我写下最后一行字时，天已经大亮。回顾写作本书的这一年时间里，我的思绪依然汹涌澎湃。我时常想起北宋儒学家张载的横渠四句——“为天地立心，为生民立命，为往圣继绝学，为万世开太平。”

虽然我没有张载那么宏大的理想和抱负，却与之有着共同的愿望，中国有朝一日能成为世界一流之强国。如果中国企业独霸世界500强，或者5000强，那么中国的商业遍及世界，中国的软权力就容易得到世界的认可。因此，这就是我至于研究和写作中国企业的原动力。

之所以选择老干妈这个具有典型意义的标杆企业，是因为陶华碧的经营策略与当下浮躁的资本运作、盲目多元化、鼓吹进军房地产、想方设法地偷工减料来降低成本……相比，有天壤之别。

试想一下，一个仅仅认识自己名字的企业家，能够把产品做到极致，并创造一个行业标准，这不得不令人信服。从20世纪90年代以来，多少企业家因为炒作概念，热衷广告，即使在今天，很多企业家同样在鼓吹互联网营销，忽视产品品质。不管拥有何种思维，产品才是连接厂家和消费者的桥梁，一旦产品出现问题，桥上的消费者甚至会反目成仇，与厂家决一死战。

在本书中，我着力地介绍陶华碧的经营策略，希望中国企业家能够真正理解陶华碧的做法，特别是那些看起来没有多少花样的管理经验。这些管理经验是当下百年老店依然存活的动力，比如，同仁堂的古训——“炮制虽繁必不敢省人工，品味虽贵必不敢减物力。”而用陶华碧的话说就是“金杯银杯抵不过消费者的口碑，我从来没有打过广告，靠消费者的口碑一个传一个，有华人的地方就有我们的产品。人算不如天算，做事、做人，都要凭自己的良心，我对得起自己的良心。”尽管表达不同，却意思相近。

在本书中，我浓墨地介绍陶华碧的品牌维护，哪怕是打官司也要维护老干妈品牌，每年支出3000万元打假，这些都是值得中国企业家学习的……

由于篇幅有限，这里就不再一一列举。感谢“财富商学院”书系、“火凤凰财经”书系的优秀人员，他们也参与了本书的前期策划、市场论证、资料收集、书稿校对、文字修改、图表制作。

以下人员对本书的完成亦有贡献，在此一并感谢：简再飞、周芝琴、周梅梅、吴雪芳、吴江龙、吴抄男、赵丽蓉、周斌、张著书、周凤琴、周玲玲、金易、何庆、李嘉燕、陈德生、丁芸芸、徐思、李艾丽、李言、黄坤山、李文强、陈放、赵晓棠、熊娜、苟斌、佘玮、欧阳春梅、文淑霞、占小红、史霞、陈德生、杨丹萍、沈娟、刘炳全、吴雨来、王建、庞志东、姚信誉、周晶晶、蔡跃、姜玲玲等。

任何一本书的写作，都是建立在许许多多人的研究成果基础之上的。在写作过程中，我参阅了相关资料，包括电视报道、图书、网络、报纸、杂志、论文库、老干妈的官方网站等资料，所参考的文献，凡属专门引述的，我们尽可能注明出处，其他情况则在书后附注的“参考文献”中列出，并在此向有关文献的作者表示衷心的谢意！如有疏漏之处还望原谅。

本书在出版过程中得到了许多商学院教授、标杆企业研究专家、快消费品牌研究专家、民营企业老板、企业总裁、职业经理人、媒体朋友、培训师、业内人士以及出版社的编辑等的大力支持和热心帮助，在此表示衷心的谢意。由于时间仓促，书中纰漏难免，欢迎读者批评指正。（E-mail：zhouyusi@sina.com.cn）

周锡冰